더 나은 울산 새벽을 연다

더 나은 울산 새벽을 연다

발행일	2023년 10월 24일

지은이	손종학		
펴낸이	손형국		
펴낸곳	(주)북랩		
편집인	선일영	편집	윤용민, 배진용, 김다빈, 김부경
디자인	이현수, 김민하, 임진형, 안유경, 최성경	제작	박기성, 구성우, 이창영, 배상진
마케팅	김회란, 박진관		
출판등록	2004. 12. 1(제2012-000051호)		
주소	서울특별시 금천구 가산디지털 1로 168, 우림라이온스밸리 B동 B113~114호, C동 B101호		
홈페이지	www.book.co.kr		
전화번호	(02)2026-5777	팩스	(02)3159-9637

ISBN	979-11-93499-20-7 03350 (종이책)	979-11-93499-21-4 05350 (전자책)

(주)북랩 성공출판의 파트너

북랩 홈페이지와 패밀리 사이트에서 다양한 출판 솔루션을 만나 보세요!

홈페이지 book.co.kr   •   **블로그** blog.naver.com/essaybook   •   **출판문의** book@book.co.kr

작가 연락처 문의 ▶ ask.book.co.kr

작가 연락처는 개인정보이므로 북랩에서 알려드릴 수 없습니다.

더 나은
울산 새벽을 연다

손종학 지음

북랩

◆◆◆

울산은 우리나라 최고의 자동차 도시다. 자동차가 굴러가게 하는 것은 엔진이다. 울산을 흔히 산업 수도라 말한다. 산업 수도 울산을 굴러가게 하려면 그에 걸맞은 엔진을 장착해야 한다. 산업 수도 울산은 얼마 전부터 인구가 줄어들기 시작하는 등 침체해 있다. 울산이라는 자동차가 삐거덕거리고 있다.

리더의 다른 말은 보스다. 하지만 보스와 리더는 엄연히 차이가 난다. 보스는 지시하며 뒤에서 조종하는 지도자이며, 리더는 앞에 서서 모범을 보이며 가야 할 길을 제시하는 지도자이다. 지금은 보스가 필요한 시대가 아니라 리더가 필요한 시대다. 리더가 앞에 서 솔선수범할 때, 그 사회는 발전하게 된다. 막연하게 구호만 외치면 모든 것이 구호로 끝난다. 현대는 실현 가능한 구체적인 방법을 알고 실천하는 리더가 필요한 시대다.

사회 지도자라 일컬으면 가장 먼저 떠오르는 것이 정치인이다. 그 범위를 울산시에 국한하면 국회의원, 시장과 시의원, 구청장과 구의원 등이다. 이들이 울산을 어떻게 이끌었느냐가 오늘의 울산을 만들었다.

지금 울산의 상황에 대해 만족해하는 사람이 얼마나 될까? 인구

120만 명의 발전만 거듭하던 울산은 인구 115만 명의 침체한 울산이 되었다. 많은 일자리와 전국 최고 수준의 급여를 받던 울산은 현재 일자리가 없어 청년들이 떠나고 있으며, 결혼도 자녀도 일자리도 포기하는 3포 울산이 되어버렸다. 산업 수도 울산에 걸맞은 엔진을 장착하지 못했음을 방증하는 것이다. 사회 리더가 제 역할을 수행하지 못했음을 의미한다.

그 책임에서 나도 어느 정도는 자유로울 수가 없다. 시의원으로 몸담았기에 울산의 현재를 만든 정치인 중의 한 사람이기 때문이다. 하지만 난 최소한 맡은 자리에서 열정을 다했다고 말하고 싶다. 시민을 위해 시의원이 할 수 있는 것을 찾아내어 이슈화하고 그것을 정책으로 연결하여 현실화하는 데 열정을 다했다. 그런 모습을 이 책에 담았다. 시의원으로 활동하며, 무엇이 시민이 진정으로 원하는 일인지 발로 뛰며 찾아다녔고, 현안을 찾아 정책으로 만들어 그것을 이루려 열정을 다했다.

난 울산 사람이다. 울산에서 태어나 울산에서 학교를 다녔고 공무원 생활을 했으며 시의원이 되었다. 울산이 발전하는 모습을 지켜보며 즐거워했고, 울산이 침체하는 모습을 지켜보며 안타까워했다. 그렇기에 누구보다도 울산을 잘 안다고 말할 수 있으며, 무엇을 어떻게 해야 울산이 발전될 수 있을까 늘 생각했으며, 울산 발전을 위해 사력을 다했다.

이 책은 총 7장으로 구성되어 있다. 1장에는 희망 가득한 울산이 되기 위해 노력한 의정 활동을 담았다. 2장은 한 단계 더 나은 삶을 위한 활동을, 3장은 더불어 잘 살기 위한 활동을, 4장은 문화와 체육에 관한 활동을, 5장은 환경과 관련된 활동을, 6장은 울산 시민의 안전한 삶을 위한 활동을, 7장은 나의 지역구인 옥동, 신정 4동의 풀뿌리 민주주의에 관한 활동을 담았다.

이 책은 지난 7대 시의원이던 2018년 7월부터 2022년 6월까지의 활동을 담았다. 오로지 시민과 울산 발전을 위해 활동한 내용이 오롯이 담겨 있다. 이 책을 읽고 지난 4년 울산시가 어떻게 운영되었는지와 울산시의 해결되지 않은 여러 문제점, 울산의 미래가 어떤 방식으로 흘러가야 하는가를 느끼게 되었으면 좋겠다.

2023년 9월

목차

한 단계 더 나은 삶을 위해

 우리는 더불어 잘 사는 시민

문화와 체육이 희망이고 경쟁력

 후손에게 빌려 쓰는 환경

6장 안전이 가장 고귀한 가치

7장 옥동 신사, 풀뿌리 민주주의 대변인
(옥동 신정4동 지역 현안 해소)

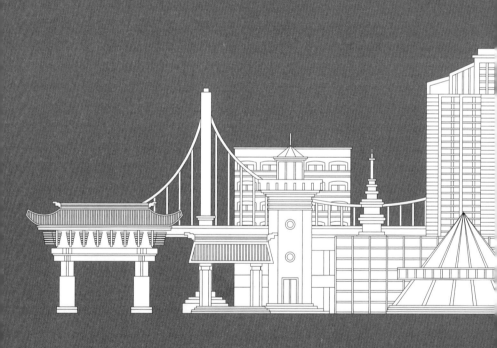

1장

울산시가 희망의 등대 되길

조직을 살리는 인사,
창조적 파괴 인사

'인사(人事)가 곧 만사(萬事)'라는 격언이 있다. 조직의 경쟁력을 좌우하는 요소는 여러 가지가 있지만, 그중에서도 가장 중요한 것은 능력 있는 인재를 발굴하고 이들을 적재적소에 배치하는 일이다. 작은 톱니바퀴가 정교하게 맞물려 돌아가면서 거대한 기계를 움직이듯, 훌륭한 자질을 갖춘 인재들이 자신의 장점을 잘 발휘할 수 있는 위치에서 제 능력을 다하는 조직만이 무한경쟁의 승자가 될 수 있다.

원활한 시정을 펴기 위해서는 조직을 진단하고 인사를 통해 새로운 변화의 바람을 불러일으켜야 한다. 그래서 '조직을 살리는 인사, 창조적 파괴 인사'가 필요하다. 이를 위해서는 세 가지 필요하다.

첫째, 시장의 정치철학과 비전에 동의하는 공무원은 요직에 등용하고, 그렇지 않은 사람은 뒤에 배치해야 한다. 소문에 의하면, 간부 일부가 지난 선거 때 전 시장을 적극적으로 지원했다고 한다. 승진에 대한 보은이든, 내적 신념이든 공무원으로서 있을 수 없는 행위다. 시장의 정치철학과 비전에 동의하지 않는 공무원은 울산시의 변화를 막을 가능성이 크다. 주위에선 탕평인사를 주문하지만, 정권이 바뀔 때마다 기러기처럼 소신 없이 움직이는 공무원에 의해 시정이 좌지우지된다면, 그에 대한 값비싼 대가를 치러야 하는 것은 오롯이 시민의 몫이다. 망설이지 말고 단호하게 인사를 단행해야 한다.

둘째, 열정적인 직원을 찾아 발탁해야 한다. 나는 열정이라 쓰고 최선이라고 읽는다. 열정은 어디서 나오는가? 바로 간절함과 절실함에서 나온다. 간절함, 절실함에는 놀라운 희망의 에너지가 있고 위대한 힘이 있다. 열정적인 직원은 책임감이 강하고 일을 즐긴다. 이런 직원은 창의적이다. 열정 없는 간부는 출세만 지향하고, 직언도 할 줄 모른다. 이들은 바람 불면 바짝 엎드려, 대세만 좇고 오직 눈치만 보며 일하는 경향이 강하다. 또 이들은 창의적인 일은 제대로 못 하고, 일을 만들기보다 보여주기식으로 일을 한다. 그러다 보니 아이디어를 내고 열정적으로 일하려는 직원을 멀리하고 자기와의 인연을 강조하며 직원을 줄 세운다. 이런 직원들에게 현혹되어선 안 된다.

여기서 한 가지, 열정은 나이를 불문한다. 나이가 젊다고 모두 열정적이라고 할 수 없으며, 나이가 많다고 열정이 없는 게 아니다. 황혼이 더 아름다운 것과 같이 마지막 불꽃은 더 무섭게 타오른다. 열정적이지만 발탁되지 못해 한직으로 돌다가 퇴직을 목전에 두고 있는 직원들이 있다. 이들은 전쟁터에서 살아남은 백전노장이다. 오랜 기간 기피 부서에서 시민을 대하고 일선에서 부딪히며 갈등을 조정했으며, 중앙부처를 제집처럼 드나들며 과업을 관철하고, 예산을 확보해온 열정으로 똘똘 뭉친 직원들이다. 이들은 천성이 강직해 손바닥을 비빌 줄도 모르고, 오직 묵묵히 과업을 수행했다. 이들을 발굴해 일을 맡기면 반드시 놀라운 성과를 낼 것이라 장담한다. 또 하나, 업무에 실패한 간부에 대해서는 단호하게 조치해야 한다. 눈을 뜨고 귀를 열면 보인다.

셋째, 청렴하지 못한 자는 멀리해야 한다. 공직자의 첫째 덕목은 청렴이다. 세상은 하루가 다르게 변화하고 있다. 이런 세상에서도 변하지 않아야 하는 것이 있다. 그중 하나가 청렴이다. 부패한 자는 매사 대가를 요구한다. 대가 없는 일은 하지 않으려 하니 민원인은 힘들고, 하늘을 찌르는 원성은 고스란히 시장의 부담으로 돌아온다. 더 무서운 것은 부패한 자는 주변 동료를 부패로 물들인다. 그가 상사일 때 더 끔찍해진다. 청렴한 직원이 조직에서 살아남지 못하기 때문이다. 조직의 청렴도를 측정해도 표면으로 잘 드러나지 않는 이들은 귀를 열고 눈을 뜨면 바로 보인다. 시민으로부터 외면받는 시정은 곧 시장의 실패로 돌아온다. 주위를 살펴 이들을 결단코 멀리해야 한다.

보직 예고제와
인계인수 절차 표준화

울산시 공무원의 '순환보직제' 운영에 따른 여러 문제점을 해결하고 좀 더 업무수행의 '책임성과 투명성'을 높이기 위해서는 제도 및 절차의 보완이 필요하다.

울산시는 지방공무원임용령에 따라 2년 정도의 필수 전보 기간이 지나면 다른 부서로 전보하는 인사 방식을 취하고 있다. 전보 인사는 특정 자리에 오래 있으면 민원인과 인간적인 유착 관계가 형성될 수 있어 이를 미리 차단하기 위해 운영하고 있는 것이다. 이러한 순기능과 달리 잦은 전보는 부작용을 낳는다. 특히, 업무 인수인계에 있어서 비효율, 업무 공백, 전문성 축적 기회 감소, 책임성 저하, 정책의 일관성 및 연속성의 결여를 낳고 있다.

무엇보다 전보 인사발령에 따라 보직이 변경되면 기존에 수행하던 업무를 중단하고 다른 부서로 이동하게 되고, 부서로 전입 임용받은 직원이 업무를 인수한다고 하지만 업무 파악에 상당한 시간이 소요된다. 그로 인해 업무 파악 과정에 기존에 진행하던 사업이 사실상 일정 기간 중단되는 상황이 발생하고 이는 고스란히 시민의 부담이 된다.

특히 전문성을 요구하는 교통, 건축, 토목 등 기술 분야나 각종 인허가 업무에서는 더 큰 행정손실을 빚는 경우가 다반사다. 알만 하면 바뀌고 끝난 줄 알았는데 원점으로 돌아가는 무한 되돌이표 가 반복되는 것이다. 이에 순환보직제에 따른 전보 조처로 업무 공 백과 행정의 비효율성을 보완하고 업무의 연속성을 꾀할 수 있는 보직 예고제 도입을 제안한다.

첫째, 보직 예고제 도입이다. 보직 예고제는 말 그대로 보직 발령 을 예고해 업무를 마무리할 수 있는 기간을 부여하는 방식이다. 현재는 인사발령이 나면 그 다음 날 바로 다른 보직에서 근무하게 되어 업무의 단절이 발생한다. 이에 인사발령을 2주 또는 3주 전에 예고하여 그동안 수행하던 업무를 마무리할 수 있는 기간을 주는 것이다. 만약 이 기간에 마무리하지 못하더라도 다음에 업무를 담 당할 직원과 협의할 수 있는 기간을 두면 미리 업무 파악을 할 수 있는 시간을 가질 수 있다.

둘째, 표준화된 인계인수 절차 시행이다. 울산시와 구·군에 통용 할 수 있는 표준화된 인계인수 절차를 만들어 시행해야 한다. 물 론 울산광역시장의 사무인계인수와 그 소속기관의 장 및 보조기 관 등의 사무인계인수에 관한 기준 및 절차와 그 밖에 필요한 사 항을 규정한 '울산광역시 사무인계인수 규칙'이 있다. 이는 직원이 아니라 시장과 기관의 장이 바뀔 때 의례적으로 하는 인계인수 행 위를 규정한 것이다. 직원의 업무 책임성을 높이기 위해서는 부서 별 업무 특성 및 인계인수 대상자의 유형에 따라 실질적인 목적을 달성할 수 있어야 한다. 부서별·직무별 차별화된 인계인수서 양식 을 제공하고, 부서장급의 경우는 해당 부서의 예산, 물품과 사업 진행 상황 등을 중심으로 인계인수서를 구성할 필요가 있다.

두 가지 시책만으로도 공무원의 책임성을 높일 수 있다고 확신한다. 울산시 행정이 주권자인 시민에게 책임을 다할 수 있는 시민 중심의 적극 행정 문화로 탈바꿈해야 한다. 그러기 위해서는 적극성과 전문성을 두루 갖춘 공무원이 더 공정한 기회를 부여받을 수 있는 인사정책을 펼쳐야 한다.

◆

조기 퇴출 제도로 변질한
공로 연수제 개선

공무원의 사기와 관련하여 공직사회의 현안인 '공로 연수제' 개선이 필요하다. 현행 공무원의 공로연수 제도는 지방자치단체의 장이 공무원 임용령 제27조 3의 규정에 따라 '정년퇴직 예정자'의 사회적응 준비를 위하여 필요한 경우 공로 연수계획을 수립·시행할 수 있도록 하고 있다. 공로연수는 20년 이상 근속(특수경력직 재직기간 포함)한 경력직 지방공무원 중 정년퇴직일 전 6개월 이내인 자가 대상이다. 다만, 지방자치단체장이 특히 필요하다고 인정하고, 본인의 희망이나 동의가 있을 때는 정년퇴직일 전 6개월 이상 1년 이내인 자를 선정할 수 있도록 하고 있다.

울산시는 5급 이상 간부 공무원을 대상으로 1년 이내의 정년퇴직 예정자를 대상으로 공로연수를 시행하고 있다. 울산시의 경우 최근 3년간('17년~'19년 7월) 5급 이상 116명의 퇴직 예정자 중 97명(83.6%)이 공로연수 혜택을 봤다. 사실 공무원 공로연수를 실시하는 취지는 20년 이상 공직에서 국민을 위해 봉사해온 공무원의 공로에 보답하는 의미가 크다. 퇴직을 앞둔 공무원의 사회적응을 돕고, 또 인사 적체 해소를 도모하기 위한 면도 있다. 하지만 지금의 공로연수는 정년 1년 전에 반강제적으로 이뤄지고 있다. 5급 이상

공무원은 본인의 의사와 상관없이 승진 적체 해소와 후배 공무원의 승진을 앞당겨준다는 명목으로 법으로 보장된 정년 60세를 다 채우지 못하게 만드는 제도로 전락했다. 공로연수는 더 일할 수 있는데도 1년 앞당겨 그만두게 만드는 퇴출제도로 변질된 것이다.

공직 근무 1년을 사실상 포기하고 허울 좋은 명예퇴직을 하든지 아니면 공로연수를 하든지 선택하게 만드는 것이다. 그런 한편으로 명예퇴직수당과 공로연수 기간 중 받는 급여는 차이가 커서 대다수는 공로연수를 선택하고 있다.

한눈팔지 않고 한평생을 지역과 시민을 위해 일해 온 공무원에 대한 보상은 필요하다. 현재 공로 연수제도는 사회적응을 위한 전문 교육기관의 교육이나 생애 제2의 인생 출발을 위한 재취업교육 등은 없다. 사실상 1년간 쉬면서 급여만 받는 형태로 운영되고 있는 것이다. 공로연수자도 공로연수 기간 중 사고를 내지 않기 위해 두문불출하고 있는 게 현실이다. 100세 시대를 맞아 60세는 청년이라 할 정도로 더 일할 수 있는 나이이다. 연금도 점차 지급 시기를 65세로 늦추려는 정부의 움직임도 있다. 이러한 시기에 공로연수 시행에 따른 정원 보충으로 예산 낭비를 초래하고 다양한 행정 경험을 가진 고급인력이 조기 퇴출되는 비효율적인 면이 있어 공무원 공로 연수제도에 대한 획기적인 변화가 요구된다.

퇴직 예정인 공무원도 공로연수를 심리적으론 조기 퇴출하는 것으로 받아들인다. 일도 안 하고 급여만 받는다는 비판을 면하면서 공로 연수제도를 효율적으로 운용하기 위해 다음과 같이 질문한다.

첫째, 현재 울산시가 운영 중인 공로 연수제도는 애초 목적과 취지를 벗어나 본인 의사와 관계없이 1년 앞당겨 사실상 퇴직하는 나쁜 관행만 만들었다고 본다. 현행 공로연수 기간을 1년에서 6개월로 단축하든지, 아니면 공로 연수제도를 폐지하는 것이 바람직하다고 본다. 이에 대해 울산시는 어떤 견해인지? 둘째, 지금까지 울산시가 공로연수자의 사회 적응훈련과 각종 교육 훈련기관 연수 등 새로운 출발을 돕기 위하여 구체적으로 어떠한 프로그램을 운영해왔는지? 그리고 앞으로 퇴직자 제2의 인생을 돕기 위한 실질적인 프로그램을 운영할 계획을 하고 있는지?

지금까지의 관행에서 벗어나 퇴직 예정 공무원에게 실질적인 도움이 될 수 있는 제도가 되길 기대한다.

◆

시민은 똑똑하기보다는
친절한 공무원을 바란다

탈무드에 "똑똑하기보다는 친절한 편이 낫다"란 말이 있다. 이 말
은 똑똑하고 영리한 자보다 친절한 자가 사람의 마음을 얻는다는
의미로 친절의 중요성을 강조하고 있다. 친절(親切, Kindness), 동양
에서는 대하는 태도가 매우 정겹고 고분고분함 또는 그런 태도를
말한다. 서양에서 Kindness는 애정, 호의의 뜻을 담고 있으며, 그
어원은 가족, 친족을 의미하는 Kin이다. 즉 친절이란 가족이나 친
족과의 관계처럼 따뜻하고 친근한 것이며, 애정과 호의를 담고 정
성을 다하는 인간관계이며, 본바탕은 사랑이다.

친절은 결코 상대에게 그냥 주고 마는 것이 아니다. 상대에게 감
동을 선사하고 자신에게는 기쁨과 행복을 가져다준다. 그러기에
친절은 요요와 같다. 요요를 땅에 던지면 땅바닥에 머물러 있는
것이 아니라 땅을 박차고 다시 손으로 돌아오듯 친절도 상대에게
감동을 선사하는 동시에 자신에게 기쁨과 행복으로 되돌아온다.

고객에 대한 나의 공무원 친절 점수는 몇 점일까? 우리 시는 행
정의 생산성을 높이고 행정의 질을 향상시키기 위한 방편으로 박
맹우 시장 취임 이래 시정 활동과 행정서비스를 혁신하기 위한
행정개혁을 무게 있게 추진해 왔다. 우리 시의 행정개혁에는 행정

서비스 개혁이 중요한 부분을 차지하고 있다. 행정서비스에 대한 국민의 신뢰감과 만족도가 향상되지 않고서는 행정개혁의 궁극적인 성과를 거두기 어렵기 때문이다. 특히 시민이 만족하는 서비스를 제공하기 위한 노력으로 '고객 맞춤 행정', '고객지향적 행정'에 초점을 맞춰 추진하고 있다. 그것은 행정서비스의 수혜자인 시민을 기업에서 고객을 바라보는 시각으로 접근하여 고객의 관점에서 행정을 시작하여 고객의 관점에서 행정을 완수하는 행정을 말한다.

이러한 노력이 헛되지 않아 우리 시가 제공하는 행정서비스에 대한 만족도는 매우 높아졌다. 우리 시가 행정서비스 향상에 주력해 온 결과를 평가하고 미비점을 보완하기 위해 2001년부터 매년 외부 전문 조사기관에 의뢰해 '고객만족도조사'를 실시해 오고 있다. 올해도 9월부터 11월까지 80일간 외부 조사기관을 통해 공무원 전화응대 친절도, 방문민원 응대 친절도, 민원처리 고객 만족도 등 행정서비스 전반에 대해 조사를 실시했다.

조사 결과 전년 대비 0.5점 상승한 평균 87.8점으로 나타났다. 전 직원을 대상으로 조사한 '전화응대 친절도'는 91.3점으로 지난해(91.0점)보다 0.3점 상승했다. 본청 및 사업소 57개 부서에 대한 '방문민원 응대 친절도'는 83.4점으로 지난해(82.6점)보다 0.8점이 높아졌다. 민원처리를 완료한 시민을 대상으로 한 '민원처리 고객 만족도'는 지난해(88.4점)보다 0.3점 올랐다. 이번 결과를 보면 2001년부터 조사하기 시작한 이래 직원의 친절도가 매년 꾸준히 상승하고 있음을 알 수 있다.

한편, 우리 시는 앞으로 직원 개개인의 친절이 시 전체 이미지와

서비스 질을 결정한다는 생각으로, 친절에 대한 자기반성과 자율적인 동기부여는 물론 결과분석을 통한 피드백(feed-back)으로 고객 만족의 질 높은 행정서비스를 지속해서 실천해 나갈 계획이다.

하지만 고객만족도가 매년 상승하고 있음에도 가끔 걸려 오는 불친절 민원상담을 대하다 보면 나 자신이 민망하고 부끄러워지는 순간도 있다. 전화기 저편에서 들려오는 상처 입은 목소리 속에서 나는 어린 시절의 아픔을 간혹 읽곤 한다. 천진난만하게 뛰어놀다 조그마한 돌부리에 걸려 상처를 입었던 기억이 되살아났기 때문이다. 길바닥의 돌부리 하나가 어린아이에게 큰 상처를 주듯이 시민은 공무원의 말 한마디와 행동에 따라 깊은 상처를 입을 수도 있고 행복을 선물로 받을 수도 있다.

친절하고 배려하는 마음이 있는 자와 없는 자, 시민은 누구의 편에 서고 싶을까? 친절은 바로 사람과 사람을 구별하게 하는 보이지 않는 힘이다. 친절은 눈에 보이지도 손에 잡히지도 않지만 누구나 볼 수 있고 들을 수 있다. 진짜로 눈에 보여서 귀에 들려서 그렇게 말하는 것이 아니라 친절은 마음속 잔잔한 감동으로 느낄 수 있다. 친절은 경제적으로 유리한 행위다. 투자 대비 효과가 매우 크다. 그래서 유대인은 "똑똑하기보다는 친절한 편이 낫다"라고 말하고 있다. 친절해야 하는 이유를 찾게 되면 누구나 친절할 수 있다. 우리 모두 다른 사람의 입장이 되어 친절을 생각해보자.

열심히 일한 송철호 시장을 비롯한
직원 여러분 칭찬합니다

열심히 일한 송철호 시장과 직원 여러분을 칭찬한다. 취임식이 어제 같은데, 하룻밤 꿈처럼 흘러 어느새 1주년이 한 달 앞으로 다가왔다. 그동안 침몰하는 울산을 살리고자 소통과 협치, 변화와 혁신으로 '시민과 함께 다시 뛰는 울산'을 향해 직원들과 손잡고 함께 달려온 노력은 칭찬받아 마땅하다.

지난 1년 동안 송 시장과 직원들이 땀 흘린 수고로 거둔 성과는 크다. 주민과 정부로부터 호평을 받는 정책 몇 가지를 소개하며 관계 공무원을 칭찬하고자 한다.

지난 민선 6기 때 해결하지 못한 숙원사업인 '외곽순환도로, 산재 전문 공공병원, 농소-외동 간 국도 예비 타당성 조사 면제'는 논외로 하고, 언론에 보도조차 되지 않은 사소하다 싶은 작은 것부터 소개하겠다.

첫째, 대공원 노인 쉼터의 바람막이 '비닐 벽 설치'를 칭찬한다. 노인 쉼터의 바람막이 '비닐 벽 설치'는 아주 사소하다 싶을 정도로 작은 일이다. 공원관리처에서는 지난해 12월 6일, 대공원 동문 파고라 쉼터에 단돈 70만 원을 들여 찬 바람을 막아줄 비닐 벽을 설치했다. 이곳은 겨울이면 찬 바람이 불어도 이를 막아줄 벽 하나 없었다. 오들오들 떨면서도 갈 곳 없는 노인들이 해마다 끊임없이 추위 대책을 세워 달라고 요청했지만 '음주, 흡연, 싸움, 방뇨, 공원 이용객의 민원'을 들어 한사코 들어주지 않았다. 그런데 시장이 바뀌고 공단 이사장이 바뀌더니 기적이 일어났다. 최근 이곳에서 만난 노인들이 올해는 따뜻하게 보낸다며 "고맙다"라는 말씀을 많이 했다. 아주 작은 사소한 일이라 여길지 모르지만 이게 바로 시민을 섬기는 일이다. 단돈 70만 원으로 노인의 마음을 얻은 것이다. "고맙습니다." 울산시설공단 공원관리처 시각장애인을 비롯한 직원 여러분에게 박수를 보낸다.

둘째, 부유식 해상풍력사업 추진을 칭찬한다. 송 시장은 침몰하는 울산을 재건하기 위해 '울산이 미래로 가는 일곱 개의 다리'를 놓고 있다. 소개하면 첫째 다리는 부유식 해상 풍력발전, 둘째 다리는 수소경제 메카, 셋째 다리는 동북아 오일가스 허브, 넷째 다리는 원전 해체산업, 다섯째 다리는 태화강 백리대숲 암각화 공원, 여섯째 다리는 국립병원, 일곱째 다리는 광역 순환교통망이다. 이를 통해 '고용 창출과 시민의 수익을 증대하고, 사람과 자연이 행복한 울산'을 만들겠다는 것이다. 그중 부유식 해상풍력 추진을 칭찬한다.

지난 5월 7일 보도된 바와 같이 '부유식 해상풍력' 사업은 빠르게 진행되고 있다. 이 사업은 투 트랙으로 진행되고 있다. 트랙1은 국가와 울산시가 주도하는 사업으로 2020년부터 2025년까지 1조 원을 들여 200MW 용량의 부유식 해상풍력단지를 조성하고, 2030년까지 1조 원을 투입해 해상풍력발전 클러스터를 구축하는 것을 목표로 하고 있다. 지난 1월 24일에 민간투자사 4개사 컨소시

엄과 투자협약을 체결했고, 5월 3일엔 세계 최고의 풍력 발전사인 노르웨이 에퀴노르와 추가 MOU를 체결했다. 지금은 겨우 첫걸음을 뗀 정도이지만 투자 마케팅으로 세계 최초 상업용 해상풍력발전소를 운영하는 회사와의 투자협력, 그리고 국내외 기업과의 투자협약은 성공을 예감케 한다. 관계 공무원 여러분께 감사드린다.

셋째, 중앙부처로부터 호평을 받은 우수 시책을 칭찬한다. 2018년 정부 합동 평가 특·광역시 1위(특별교부세 17억5천만 원), 2018년 재정신속집행 최우수(특별교부세 6천5백만 원), 2018년 하수도 운영 관리실태 평가 최우수, 2018년 물관리 평가 최우수, 2018년 식중독 예방관리 평가 최우수, 2019년 식품안전관리 평가 최우수, 제2회 전국 화재감식 경연대회 전국 1위를 했다. 정말 훌륭한 성과를 거두었다. 수고하셨다. 여기서 안주하지 마시고 더 잘해주시길 부탁드린다. 땀 흘려 일한 부서장을 비롯한 직원 여러분! 축하와 칭찬의 말씀을 드린다.

옛 격언에 "잘되는 집안은 보람으로 일하고 안되는 집안은 죽지 못해 일한다"라는 말이 있다. 송 시장을 중심으로 똘똘 뭉쳐 하나가 되어 '시민과 함께 다시 뛰는 울산'을 반드시 만들어 주시길 당부드린다.

"열심히 일한 송철호 시장을 비롯한 직원 여러분 다시 한번 칭찬합니다."

◆
2021년 예산편성에 따른
정책 건의

　지난 2년, 정말 수고하셨습니다. 하루도 쉼 없이 뛰고 또 뛰어왔습니다. 열정을 다해온 결과, 시민의 염원이며 오랜 숙원사업인 울산 외곽순환도로, 산재 공공병원, 농소-외동 간 국도가 예타 면제를 받았고, 원전해체연구소 유치, 태화강 국가 정원 지정, 고등법원 원외재판부 유치, 울산 경제자유구역이 지정되었습니다. 또 미래성장 기반을 다지기 위해 대통령을 모시고 '수소 도시 비전 선포식'을 가지며 수소 산업 중심도시로 가는 길을 만들었습니다. 미래 자동차연구소 개소, 인공지능(AI) 대학원 유치, 차세대 조선·에너지 부품 3D프린팅 제조공정 연구센터 건립, 3D프린팅 융합기술센터 구축 확정, 신재생에너지 메카로 우뚝 설 수 있는 부유식 해상풍력 발전단지 조성 기반 마련, 북항 1단계 사업 예비타당성 통과 등도 이뤄냈습니다. 이와 같은 지역 혁신성장 동력이 될 숙원사업들은 내리막길만 가던 지역 경제가 다시 치고 올라올 수 있는 계기가 될 것입니다. 이 모든 성과는 반드시 시민들로부터 높이 평가받을 것이라 확신합니다. 시장님과 보좌해온 공무원 여러분께도 깊이 고개 숙여 감사드립니다.

　앞으로 2년, 이제부터가 중요합니다. 곧 2021년 사업 계획을 준비하고, 예산편성을 시작합니다. 시민과 기업이 땀 흘려 벌어 낸 세금으로 편성되는 만큼 꼭 필요한 곳부터 최대한 많은 시민이 혜택을 받을 수 있도록 골고루 편성해야 합니다. 그리고 예산은 지역 경제회복의 동력을 만들고, 경제난 속에서도 시민이 행복한, 시민의 '이해와 요구'가 담긴 생활복지 예산이 되어야 합니다. 내년 예산에 시민의 생활 주변 깨알 같은 요구를 담아 주십시오.

울산은 지금 참으로 어렵습니다. 경제위기 속에 코로나19까지 겹쳐 앞이 잘 보이지 않습니다. 시장님을 중심으로 시와 지역사회가 지혜와 힘을 모아 가고 있지만, 앞날을 장담하기 어려운 상황입니다. 이럴 때일수록 시장님은 시민 곁으로 더 다가가야 합니다.

몇 가지, 시민의 '이해와 요구'를 담은 시정 질문을 하고자 합니다.

첫째, 우리 아이들의 학교 화장실 개선을 지원해 주십시오. 시장님, 울산시의 교육비법정지원금 지원은 전국 최하위 수준입니다. 민선 7기 들어 많이 늘었다는데 울산시가 2017년부터 2020년까지 비법정지원금으로 교육청에 교부하고 있는 사업별 내역과 예산을 먼저 말씀해주시기 바랍니다. 교육도 지방자치 사무입니다. 교육에 좀 더 관심을 갖고 팍팍 지원해 주시길 간청드립니다.

대부분 공공기관이나 가정에서조차 비데를 설치한 곳이 많습니다. 하지만 우리 아이들이 공부하는 학교는 여전히 비데는 고사하고 양변기조차 설치되지 않은 학교가 많습니다. 초·중·고 249개 학교에 설치된 23,254개 변기 중 겨우 15,889개(68.3%) 변기만 양변기이고, 7,395개(31.7%)는 쭈그려 앉아 볼일을 봐야 하는 화변기입니다. 초등학교조차 11,179개 화장실 중 7,695개(68.9%)만 양변기이고 3,484개는 화변기입니다. 이러니 아이들이 억지로 참거나 집에 가 볼일을 보고 다시 학교로 온다고 합니다. 화장실 문제를 교육청에만 맡겨두기에는 너무 안타깝습니다. 학교 화장실 개선에 약 78억 원 예산이 필요합니다. 내년에 사랑하는 우리 아이들이 사용하는 화장실 개선을 일거에 해결해 주실 수 없는지요?

둘째, 청년정책에 더 많은 예산을 배정해 주십시오. 질문에 앞서, 2020년 청년정책 과제가 무엇인지? 정책 과제별 예산 규모는 어떻게 되는지 알고 싶습니다. 청년정책은 실제 청년들이 원하고 필요한 게 뭔지 함께 고민하고, 청년들의 의견 수렴을 통해 만들어야 합니다. 다행히 울산시는 올해 들어 청년정책 참여기회 보장 및 소통 활성화, 청년 일자리 창출로 청년 정착 유도 등을 주요 내용으로 하는 '2020년 청년정책 시행계획'을 추진한다고 밝혔습니다. 수립된 청년정책 과제는 무엇인지? 과제별 소요 예산 규모는 어떻게 되는지? 소상하게 말씀해주시기 바랍니다.

사실, 우리 시는 청년정책을 조율하는 컨트롤 타워가 없어 정책 개발과 추진에 실효성이 떨어진다는 평가를 받고 있습니다. 그런데다 청년정책은 우선순위에서 밀려 예산배정이 많지 않습니다. 현재 울산시의 청년(19~34세)은 229,092명으로 노인인구(65세 이상) 138,579명보다 90,513명이 더 많습니다. 그런데도 예산을 비교해 보면 청년들이 홀대를 받고 있음을 알 수 있습니다.

본 의원에게 제출한 자료에 의하면, 청년예산은 2,720억5,800만 원(이중 2,529억2,700만 원은 행복주택 사업비라 청년예산이라 보기 어려운 점도 있음)에 불과하지만, 어르신 예산은 3,126억5,463만 원으로 큰 차이가 납니다. 울산의 미래를 이끌어 갈 청년들은 우리의 희망입니다. 청년이 자유롭게 문화와 예술을 즐기고, 취업하고, 창업하고, 결혼하고, 출산과 육아에 부담을 느끼지 않는 환경을 만들어야 합니다. 청년의 삶의 질 향상을 위해 청년 문제를 다룰 전담부서 신설을 건의하며, 청년예산은 최소한 어르신 예산 규모로 확대할 것을 주문합니다.

셋째, 문화예술인들의 생존을 지원해 주십시오. 질문에 앞서, 올해 코로나19로 생계가 어려운 문화예술인과 단체를 지원한 사업별 내역과 예산 규모를 소상히 말씀해주시기 바랍니다. 코로나19로부터 취약한 계층이 여럿이지만, 그중에서도 문화예술인들의 생활은 차마 입에 담기 어렵습니다. 벌이가 없으니 하루하루를 자존심으로 버티고 있습니다. 가족 생계를 위해 모든 걸 버리고 연약한 몸 뚱어리로 돈을 벌려고 해도 갈 곳이 없습니다. 호주머니에 먼지만 쌓인 빈털터리라 외상 소주로 시름을 달래는 이들이 늘어나고 있습니다.

올해 창작활동 지원, 재난 생계지원 등을 하긴 했으나 '언 발에 오줌 누기'에 지나지 않았습니다. 사실, 예술인 복지 증진에 관한 조례에 따라 ▲예술인의 근무환경 개선을 위한 사업 ▲예술인의 처우 및 지위 향상을 위한 조사 및 연구사업 ▲예술인의 역량 강화를 위한 교육 및 훈련사업 ▲예술인의 복지 증진을 위하여 필요하다고 인정되는 사업을 해마다 하도록 하고 있으나, 사업이 단편적이고 예산도 많지 않았지만, 있었다면 말씀해주시기 바랍니다. 또 코로나19 사태 장기화와 포스트 코로나 시대를 대비하기 위한 생계지원 정책, 전시시설 대관료 지원 사업 이외에 예술인 DB 구축, 실질적인 소득으로 연결되는 창작 지원 정책이 필요하다고 보는데 동의하시는지요? 이와 관련한 구상이나 계획하고 있는 정책

더 나은 울산 새벽을 연다

이 있다면 말씀해주시기 바랍니다.

넷째, 출산과 육아 정책에 더 많은 관심과 예산을 배정해 주십시오. 시장님, 지난해 울산에서 태어난 아이들이 몇 명인지 아십니까? 7,637명 태어났고, 출산율은 1.09(전국 0.92)입니다. 탈울산에 이어 아이들 울음소리조차 끊어지는, 이러다가 울산시가 머지않아 일반 시로 전락하지 않을지 걱정입니다. 100년 후가 아니라 30년 후의 대한민국을 걱정하지 않을 수 없습니다. 국가정책이 아닌 울산시만의 출산과 육아 정책이 있습니까? 정책이 있다면 정책 과제와 예산 규모를 말씀해 주십시오. 그동안 정부는 저출산 정책이라며 신혼부부 주거지원, 난임 부부 지원, 무상보육 및 교육 확대, 아동수당 지급, 공공어린이집 확대, 돌봄 교실 운영 등을 펼쳐 왔습니다. 자치단체도 출산장려지원금 등 나름의 지원을 하고 있습니다. 국가와 자치단체가 수많은 재정을 투입한 정책들이 진행돼도 출산율이 내림세를 탄다는 것은 지금의 출산 정책이 아이를 출산하는 데 큰 영향을 미치지 못함을 의미합니다.

헝가리 출산 정책을 소개합니다. 장기간 정체된 출산율을 끌어올리려는 헝가리의 고육지책이라고 할 수 있습니다. 헝가리는 여성이 41세 이하인 신혼부부에게 우리 돈으로 약 4천만 원, 현지에선 일반 직장인의 2년 치 연봉에 해당하는 금액을 빌려주는 제도를 도입했습니다. 이에 더해 5년 이내에 한 명의 아이를 낳으면 대출 이자를 면제해주고, 3명의 아이를 갖게 되면 대출금을 전액 탕감해주는 혜택을 주기로 했습니다. 헝가리 출산 정책은 유럽에서 성공적이라고 평가합니다.

'아이 낳고 키우기 좋은 도시 울산!'을 위해 파격적인 정책을 제안합니다. 맞벌이 신혼부부의 연봉을 대략 1억 원으로 계산하여, 결혼해서 첫째 아이를 낳으면 1억 원 저리 대출, 둘째 아이를 낳으면 무이자 전환, 셋째 아이를 낳으면 1억 원을 탕감해주는 정책을 제안합니다. 출산율 향상을 울산시의 정책 1순위로 하고, 지금의 출산 정책 예산을 조정하고, 매년 발생하는 불용액의 20% 정도를 기금으로 적립해 운영한다면 시 재정에 큰 부담을 주지 않을 것입니다. 이에 대한 정무적 판단으로 답변해 주시기 바랍니다.

다섯째, 생활 주변 불편을 말끔히 해소하여 주십시오. 도시 내 생활 불편이 한둘이 아닙니다. 대부분 구·군에서 해결해야 할 일이나 구·군 예산사정으로 민원이 제기되는 곳부터 먼저 해결하다 보니 돌아서면 또 제기되는 끊임없이 반복되는 민원입니다.

먼저, 여름이면 도심의 여천천이나 약사천 등 크고 작은 하천에 깔따구, 모기, 악취로 시민들이 여가 활동에 큰 불편을 겪고 있습니다. 여천천은 그나마 작년부터 사업비가 투입돼 어느 정도 개선이 되고 있지만 약사천은 손도 못 대고 있어 민원이 끊이질 않습니다. 예산 사정이 어렵지만 해결해 주시기 바랍니다.

다음, 겨우 100mm 폭우에도 시가지 도로 곳곳이 침수됩니다. 달리는 차로 인해 물이 튀어 서로 욕설하는 등 볼썽사나운 모습을 자주 목격합니다. 민원도 자주 제기되고 있습니다. 해마다 침수피해를 개선하지만 여전히 반복되고 있습니다. 일제히 조사해 말끔하게 개선할 수 없는지요?

그리고 버스 타기가 불편합니다. 현재 버스 정류장은 3,046곳이나 버스 정보단말기가 설치된 곳은 1,302(42.7%)곳에 지나지 않습니다. 한 곳을 설치하는 데 5백만 원의 예산이 소요된다니 전체적

더 나은 울산 새벽을 연다

으로 87억 원 정도 소요됩니다. 지금은 매년 민원이 생기는 곳에 땜질식으로 설치하고 있습니다. 내년에 교통체계 개편에 맞춰 버스 정보기를 일거에 설치해 불편을 해소해 주실 수 없는지요? 이어서, 동네 주차장 이야기를 안 할 수가 없습니다. 신도시 아파트 지역은 아직 주차 문제가 크게 드러나지 않지만 오래전 개발된 동네의 주차장 문제는 심각합니다.

골목 양옆으로 주차된 차로 인해 차를 머리에 이고 싶을 때가 한두 번이 아닙니다. 우선, 공공기관이나 단체 등의 주차장은 야간과 공휴일에 개방하는 걸 강력하게 유도해 주시고, 주택가와 가까운 학교 부지나 근린공원 지하를 개발해 공용주차장으로 건설해 주십시오. 이 사업은 단숨에 끝나지 않을 것이지만 5개년이고 10개년이고 계획을 세워 진행해 주십시오. 이 사업의 시작을 송철호 시장님께서 해주십시오.

또 남구 옥동이 그렇지만, 70·80년대 개발된 달동이나 삼산동은 도로 폭이 좁은데, 인도가 없어 차와 사람이 뒤섞여 다니다 보니 크고 작은 사고가 연일 나고 있습니다. 예산도 그리 많이 들지 않습니다. 어린이나 보행자의 안전을 위해 보행로를 확보해 주시기를 건의합니다.

끝으로 동네 골목길 사정을 말씀드립니다. 경찰과 협의해야 하지만, 시가 의지를 갖고 추진해야 할 일입니다. 도로 표지가 잘못되거나 좌회전 금지로 반복적으로 불법을 저지르게 되고, 골목 어귀 반사거울과 방지턱이 규정에 미달하거나 없어 사고가 자주 납니다. 적은 예산으로 조금만 정성을 들여 추진한다면 시민들의 호응이 클 것이라 확신합니다.

이것으로 생활 불편이 끝난 건 아닙니다. 구·군과의 협의와 협력을 통해 그동안 미뤄두고 쌓인 불편을 말끔히 해소해 주시기 바랍니다. 시장님의 진정성 있는 답변 기대합니다. 2021년의 예산이 시민의 행복, 희망의 씨앗이 될 수 있도록 혼신의 힘을 다해 주시길 건의드리며 시정 질문을 마칩니다. 감사합니다.

더 나은 울산 새벽을 연다

주민참여예산제 운영 실태에
대한 질문

　울산시가 시행하고 있는 '주민참여예산제 운영현황'에 대하여 질문드립니다. 자료에 입각한 충실한 답변 부탁드립니다. 울산시 「주민참여예산제 운영 조례」(제정 2011. 10. 13. 조례 제1234호 제정)는 제정된 이래 운영해오면서 '부족한 주민의 참여를 제고하고 민주주의를 촉진하며 운영의 실효성을 높이고자' 본 의원이 2019년 2월 18일 개정안을 대표 발의하여 2019년 3월 7일 조례 제1925호로 공포, 현재 시행하고 있습니다.

　조례 개정안의 주요 내용은 첫째, 재정 분야의 직접 민주주의를 구현하고자 하는 참여예산제의 취지를 반영하여 '위원을 60명 이상 100명 이내로 확대'하고, 또한 주민참여예산 위원을 '공개모집'하여 실질적인 주민참여를 확대하고자 하였습니다.

　둘째, 주민참여예산의 실효성 있는 운영을 위해 '주민참여예산위원회'를 구성·운영하고, 예산편성과정, 시민참여 방법, 위원회 운영 등 예산편성에 대한 이해를 돕기 위하여 '예산학교운영'을 하는 것이었습니다.

　존경하는 송철호 시장님, 주민참여예산제가 조례 개정 취지대로 잘 추진되고 있을 것이라 짐작합니다. 하지만 조례 개정 이후 운영 실태에 대하여 보고 받은 적도 없어서 몇 가지 서면으로 질문드립니다.

첫째, 주민참여예산제는 자치단체의 예산 편성 과정에 주민을 참여시킴으로써 지방재정 운영의 '투명성'과 '공정성'을 높이고, 예산 사용에 대한 '책임성'을 확보하며, 나아가 시민 중심의 민주주의를 실현하기 위한 취지에서 도입된 제도입니다. 따라서 납세자인 주민의 참여는 민주주의를 생활 속에서 실현하는 것이라고 봅니다.

조례가 개정된 이래 2019년부터 2021년 현재까지, 주민참여예산위원회 구성과 운영현황을 설명해 주시기 바라며, 또 주민참여예산위원회에서 심의된 주민참여예산사업이 실질적으로 예산에 편성되고 집행된 규모와 현황도 알려주시고, 실적에 따른 사업목록은 별지 자료로 주시기 바랍니다.

둘째, 예산학교는 내가 낸 세금이 더 좋은 곳에, 더 필요한 곳에 쓰일 수 있게 주민이 직접 확인하고 요청할 수 있도록 예산편성 과정에 참여하는 올바른 방법을 알리고, 주민참여예산에 관한 관심과 이해를 돕기 위해 실시하는 제도입니다.

업무수행 인력이 넉넉하지 않아 운영하는 데 잔무가 많아 부담될 것이나 민주주의 교육의 장이기도 합니다. 2019년 이후 2021년까지 연도별 예산학교 운영실적과 앞으로의 발전방안에 관해 설명해 주시기 바랍니다.

◆

차기 울산광역시장은
이러한 사람이면 어떨까?

정권이 바뀌자 울산의 미래를 위해 준비한 해상풍력 등 미래 먹거리 사업들이 전임 시장의 역점 시책이라고 휴지처럼 버려지고 있다. 너무 단세포적으로 대응하고 있어 아쉽다. 정당을 떠나 무엇이 울산의 미래를 위해 필요한지 좀 더 숙의하며 토론하는 그런 자세가 필요하다. 내가 생각하는 115만 울산시민의 삶을 위해 최소한의 '울산시장' 자격 조건을 제시한다.

첫째, 도덕성을 갖춰야 한다. 울산시장은 울산시민으로부터 존경받고 최소한 인정받을 수 있는 사람이어야 하는데, 부정한 일부 세력과 결탁해 왔거나 결탁할 수밖에 없는 부도덕한 인사는 울산을 이끌 수 없다. 도덕성은 울산을 이끌 리더인 울산광역시장에게 요구되는 기본적인 조건이다.

둘째, 울산의 비전을 제시하고 울산을 제대로 혁신할 수 있는 개혁성과 합리성을 갖춘 인사이어야 한다. 시대마다 요구되는 소명이 있다. 지금 우리 울산은 제일 늦게 광역시가 된 도시로서 사실상 가장 큰 변화를 겪고 있으며 광역시에 걸맞은 새로운 개념의 미래도시 울산을 제시할 수 있어야 한다. 차기 울산광역시장은 울산이 안고 있는 누적된 문제점을 타파하고 이러한 시대적 과제를 제대로 실천할 수 있는 개혁성과 합리성을 갖춘 인사이어야 한다.

셋째, 울산광역시장은 울산을 정확히 알고 시정을 수행할 전문행정 능력을 겸비한 인사이어야 한다. 이제 울산시장은 정치력만 겸비하고 행정은 전문가를 배치하여 울산시정을 운영하겠다는 발상으로는 115만 울산광역시의 미래를 열 수 없다. 시장의 생각과 능력에 의해 시정은 좌우될 수밖에 없는 것이 엄연한 실정이다. 따라서 정확한 진단과 판단으로 앞장서서 방향을 제시하고 시정을 선도할 수 있는 전문성과 행정 능력을 갖추고 있어야 한다.

넷째, 차기 울산광역시장은 개인적인 인연과 입장을 과감히 버리고 오직 울산 발전을 위해 대국적 차원에서 봉사와 희생할 각오가 되어 있고 이를 실천할 수 있는 인사이어야 한다. 정당을 떠나 여야를 아우를 수 있는 오직 시민을 위해 헌신하고 봉사하는 '울산당의 수장'으로서 중앙정부를 설득하는 데 제 정당의 협력과 도움을 끌어낼 수 있어야 한다.

다섯째, 지위와 권한만을 행사하고 누리는 보스 수준이 아닌 진정한 리더이어야 한다. 변화를 주도하고 행동으로 구체화할 책임을 지는 리더, 분명하면서 엄격한 평가에 바탕을 둔 합리적인 인사 운영으로 공직 구성원이 내부 역량을 통합하고 제고시킬 수 있는 리더여야 한다. 특정 인맥과 학맥이 아니라 능력과 성과에 따라 인사하고, 과감하게 인재를 발탁 기용할 줄 알아야 한다.

울산시가 희망의 등대가 되길
기대하면서

오늘 저는, 끝이 보이지 않는 코로나19 위기 속에서 벼랑으로 몰린 소상공인들에 대한 이야길 하고자 이 자리에 섰습니다. 말씀드리기에 앞서, 칭찬 한마디 하겠습니다. 코로나 장기화에 따라 경제적 어려움이 가중되고 있는 소상공인의 부담 완화를 위해 울산시가 공유재산 임대료를 6개월간 50% 인하해 주셨습니다. 상인들의 희망 불씨가 되고 있어 칭찬의 박수를 담은 고마움을 전합니다. 저도 덕분에 고맙습니다.

한적하던 동네 가게들이 오후 9시가 되면 하나둘씩 앞서거니 뒤서거니 가게 문을 닫기 시작하면, 골목길엔 사람 발걸음 소리가 사라지고, 칠흑 같은 어둠 속에서 가로등만 깜빡 깜박 졸고 있습니다. 지난 1월 31일 정부가 또다시 사회적 거리두기 2주 연장을 발표할 때, 침묵의 탄식이 흘러나오더니, 급기야 작은 불씨처럼 남아있던 희망이 사라진 골목엔 절망감에 분노를 참을 수 없는 이들의 외침이 여기저기서 터져 나오기 시작했습니다.

"다 죽으란 말이냐! 이젠 더 이상 버틸 힘조차 없다! 제발 살려다오!"

10개월째 지속된 사회적 거리두기에 소상공인들이 하나둘씩 우리 주변에서 사라지고 있습니다. 그러더니 폐업한 상인, 빚을 안고 근근이 버텨온 상인, 오후 9시가 되면 어김없이 가게의 문을 닫아온 상인들이 하나둘씩 거리로 나서기 시작했습니다.

　　이분들 속에는, 미래의 꿈을 좇아 개업한 카페의 젊은 주인, 5개월 가까이 영업을 금지당한 유흥업소 사장, 일손을 줄이다 못해 부부 단둘이서 운영해온 칼국수 집 아저씨, 아이들 학비라도 벌겠다고 장사에 나선 동네 모퉁이 분식집 아줌마, 대여섯 명 종업원을 거느리고 장사해온 일식집 사장, 후배들과 피땀으로 일터를 지켜온 실내 스포츠사업자, 축제와 행사 축소로 어려워진 이벤트사업자 등등이 있습니다.

　　이분들은 '집합 금지 업종 선정의 형평성' 문제를 제기하며, 이젠 길거리에 나앉을 판입니다. "집합 금지 해지하고, 손실액만큼 정부 보상"을 요구하며 죽기 살기로 싸우겠다고 목소리를 높이고 있습니다. 또 한쪽에서는 속으로만 울고 있는 사람들도 있습니다.

　　척박한 문화예술 환경으로 축제나 행사에 출연하며, 문화예술 강연으로 근근이 입에 풀칠하면서 창작 활동을 하는 문화예술인과 체육인들의 허탈한 모습, 일터를 잃어버린 학원 강사들이 있습니다. 그리고 하루 일거리를 찾아 이른 새벽 인력시장에 나왔다 일을 얻지 못해 고개 숙인 채 터벅터벅 돌아서는 일용공이 있습니다.

　　어찌할 수 없이 뿌리째 뽑히고 있는 이분들의 절박한 삶의 아픔과 슬픔, 허탈한 웃음 속에 가려진, 분노를 삭이지 못하는 이들에게 희망이 될 수 없는 저 자신이 원망스럽고, 가슴은 찢어지듯 아픕니다.

　존경하는 송철호 시장님, 이들이 희망을 잃고 있습니다. 이분들이 울고 있습니다. 울산시가 손을 잡아 주길 애타게 기다리고 있습니다. 세대당 10만 원씩 재난지원금을 주고 있는데 무슨 소리 하느냐 하지 마시고, 당장 급하지 않은 일반수용비, 축제나 행사 규모를 줄이고, 계속사업은 잠시 기간을 연장하고, 회계별 쓰다 남은 불용예산, 예비비 일부 등을 모아 운영비가 필요한 곳에는 융자 지원해 주시고, 예술단체에는 창작비 지원을, 당장 생계가 어려운 분에게는 긴급 재난지원금을 주실 것을 건의합니다.

　더 늦기 전에, 울산시가 희망의 등대가 되길 기대합니다.

울산 독립운동기념사업을
제안하면서

지난 3월 8일 밤, 문화예술회관 대공연장. '마지막 여정-고헌 박상진'이란 창작 뮤지컬을 관람하는 내내 가슴속의 뜨거움으로 옆에 앉은 아내 몰래 한없이 눈물을 훔쳤다. 여태껏 그날의 여운이 감명 깊게 남아있다.

알다시피 고헌 박상진 의사는 항일단체 광복회를 조직하고 초대 총사령으로 무장 항일운동을 이끌다 체포되어 대구형무소에서 처형당한 울산이 낳은 독립운동가다. 판사란 입신양명이 보장된 일신의 안위를 버리고 오직 조국 독립을 위해 목숨마저 내놓은 독립지사다. 충절의 고장 울산의 자랑이요 민족의 빛이 아닐 수 없다.

공연이 끝나고 박상진 의사 그리고 울산 출신 독립운동가와 관련된 유적과 자료를 조사하면서 심히 부끄러웠다. 사실 박상진 의사에 대해서는 그동안 생가 복원, 동상 건립, 공연 등 기념사업이 있긴 했지만 또 다른 울산 출신 독립운동가와 울산에서 일어난 3.1 독립만세운동에 대해서는 이렇다 할 기념사업이 없었다. 그분들의 공훈에 대한 체계적인 학술조사나 기념사업이 전혀 없는 상태다.

다행히 올해 3.1운동 100주년을 맞아 정부 주도 아래 국비를 지원받아 시와 구·군에서 달동 문화공원 내 울산항일독립운동 기념탑 건립, 박상진 의사 생가 뒤쪽의 박상진 의사 동상 건립 사업 등 20여 가지 행사와 사업이 진행되고 있다. 이러한 기념사업이 어느 한 해에만 그쳐서는 안 된다. 자라나는 우리 아이들이 독립운동 정신을 잊지 않고 계승·발전시키면서 생활 속에서 체화시켜 나갈 수 있도록 끊임없이 전개되어야 한다.

일제로부터 해방된 지 70여 년이 넘었지만, 아직도 우리 사회 곳곳에는 일제의 침략과 만행으로 인한 피해와 잔재들이 적지 않게 남아있다. 독립된 조국에서조차 독립운동가의 후손들 가운데는 3 대가 피죽 한 그릇도 제대로 먹지 못하는 가난에 시달리고, 핍박이 두려워 드러내 놓고 독립운동가 자손이란 말도 못 한 채 숨죽여 사는 후손도 있다고 한다. 그러다 보니 독립운동가 발굴이 늦어 자료가 훼손되고 잃어버려 등록이 안 되는 경우도 더러 있는 모양이다.

반면, 친일매국 인사와 그 후손들은 고개를 쳐들고 큰소리치고 사는 어처구니없는 현실을 마주치게 된다. 언제부터인가 토착 왜구나 다름없는 존재들이 나타나 급기야 '반민족행위특별위원회'를 폄훼하는 말까지 서슴없이 내뱉는 세상으로 둔갑하기도 한다. 실로 통탄하지 않을 수 없다.

이런 때일수록 순국선열과 애국지사들이 물려준 독립의 터전을 굳건히 지키고 그분들의 고귀한 정신을 이어받아 민족정기를 바로 세우는 독립기념 사업을 꾸준히 펼쳐나갈 소명이 우리에겐 주어져 있다.

이에 필자는 독립운동가들의 공훈 발굴과 등록을 위한 진상규

명과 명예 회복, 독립운동가 후손에 대한 예우, 그밖에 독립운동 정신 계승에 필요한 기념사업을 체계적으로 추진할 수 있도록 가칭 「울산광역시 독립운동 기념사업에 관한 조례」를 최근에 대표로 발의했다.

늦었지만 지금부터라도 울산시와 구·군, 교육청은 숭고한 독립운동 정신 계승을 위한 교육과 학술, 문화사업, 사료 수집과 연구·관리·전시, 위령비 건립, 표지석 설치 등 각종 기념행사 또는 추모사업을 지속해서 펼쳐야 한다. 우리가 이것이라도 해야 순국선열들에게 얼굴을 들 수 있지 않겠는가.

2장

한 단계 더 나은 삶을 위해

스마트 공장 보급·확산을 위한
지원 확대 건의

중소벤처기업부는 '제조업의 경쟁력 강화'를 위해 국정과제의 하나로 스마트 공장에 대한 지원을 확대하고 있습니다. 중소벤처기업부의 스마트 공장 보급·확산 사업의 주요 내용을 살펴보면, 우선 2022년까지 3만 개 스마트 공장 보급을 위한 첫 단계로 올해 민·관이 함께 4,000개의 스마트 공장을 보급할 계획입니다.

지원 실적 및 계획(누적, 개) : ('14~'18) 7,800 → ('20) 17,800 → ('22) 30,000

주요 사업으로는 ▲스마트 공장 구축 및 고도화 ▲로봇 활용 제조혁신 지원 ▲스마트 마이스터 ▲스마트화 역량 강화 ▲스마트화 수준 확인 등이 있습니다.

스마트 공장은 설계부터 개발, 제조, 유통, 물류 등 생산과정에서 정보통신기술(ICT)을 적용하여 생산성과 품질, 고객 만족도를 향상하는 지능형 '생산공장'을 뜻합니다.

중소벤처기업부에서는 지난 2015년부터 스마트 공장 보급과 확산을 위해 다양한 지원 사업을 펼치고 있습니다. 중소벤처기업부의 2019년 스마트 공장 보급·확산 지원 사업을 살펴보면 작년보다 지원 금액이 많이 늘어난 것을 알 수 있습니다. 스마트 공장 신규 구축의 경우, 작년에는 기업당 최대 5,000만 원까지 지원했다면 올해는 한 기업당 최대 1억 원으로 지원 금액이 늘어났습니다. 또한 스마트 공장 고도화의 경우 작년에는 기업당 최대 1억 원까지 가능했지만, 올해부터 기업당 1억5,000만 원까지 지원됩니다.

그리고 스마트 공장 도입을 희망하는 기업이 벤치마킹할 수 있는 시범공장을 주요 거점에 구축 지원하기 위해 기업당 최대 3억 원, 업종별 특화를 위한 유사 제조공정을 가진 기업의 스마트 공장 공통 특화 솔루션 구축을 위해 기업당 최대 1억 원을 지원하고 있습니다.

울산 지역은 제조업 비중(75%)이 높은 특성상 다품종 유연 생산 등 제조업 트렌드 변화에 대응하기 위한 제조업체의 체질 변화가 필요함에도 스마트 공장은 기껏 2.5%에 불과합니다. 한편, 울산시도 올해 스마트 공장 구축 지원을 위해 9억 원의 예산을 확보하여 정부의 스마트 공장 구축 지원 사업기업 부담금(50%)의 일부인 총 사업비의 20%, 최대 2천만 원을 지원하고 있습니다.

침체한 경기로 기업이 어려움을 겪고 있습니다. 기업이 살아남을 수 있게 운영자금이든 R&D 자금이든 충분한 자금을 지원해야 합니다. 기업이 늘어나고 일자리도 늘고 인구도 늘어야 울산이 성장합니다.

최저임금 인상, 근로시간 단축에 따른 중소기업 생산성 향상과 경쟁력 강화를 위해서는 스마트 공장의 보급·확산을 위한 지원 확대가 절실하다고 생각합니다. 이에, 지역 중소벤처기업의 생존과 경쟁력 확보를 위한 지원 시책 두 가지를 건의드립니다.

첫째, 알려진 바에 의하면, 인천시는 올해 20억의 예산을 확보하여 우리 시와 같이 총사업비의 20%, 최대 2천만 원을 지원하고 있지만, 경남은 2022년까지 매년 100억 원을 투입하여 파격적인 조건으로 스마트 공장 2,000개를 구축할 예정입니다.

우리 시도 중소기업의 스마트 공장 보급·확산을 위해 최소 50억 원 정도의 예산 확보를 건의드립니다. 그리고 스마트 공장에 대한 사후 지원 정책 마련도 요청합니다.

둘째, 지역 경제는 기업이 살아남고 성장해야 활력을 찾을 수 있습니다. 성장하는 도시는 성장하는 기업과 밀접하게 관련되어 있습니다.

현행 총사업비 20%, 최대 2천만 원 지원이 아니라 지원 비율을 파격적으로 높일 필요가 있다고 봅니다. 지원 조건을 좀 더 파격적으로 확대해 주실 것을 건의합니다.

선진국의 도시 성장을 살펴보면 도시의 성장은 성장하는 기업과 궤를 같이하고 있습니다. 지금은 양질의 일자리를 늘리는 데 최선을 다해야 할 때입니다. 지역의 기업들이 구조조정을 거치는 과정에 쓰러지지 않게 친기업 정책을 과감하게 펼쳐 달라고 요청하면서 질문을 마칩니다.

더 나은 울산 새벽을 연다

산업기술문화 공간 건립 기획을 환영하면서

지난 12월 5일, KBS 보도에 따르면 '과학관 유치 '청신호' 국비에 용역비 반영. 내년 국비에 '산업특화 전문과학관' 이름의 용역비가 반영돼 울산의 국립 과학관 유치에 청신호가 켜졌습니다.'라 하고, 시장님은 인터뷰에서 "대공원을 4차 산업혁명 공원으로 만들어서 미래의 디지털 과학의 첨단 집적화를 이루려고 하는 우리의 꿈이 이제 단초를 열게 됐습니다."라고 하셨습니다. 지역구 의원으로서 볼 때 이는 단비와 같은 반가운 소식이 아닐 수 없습니다.

돌이켜보면 국립산업박물관은 박근혜 전 대통령의 공약 1호였으나 지난 2017년 8월 예비타당성 조사에서 경제성이 낮다는 이유로 무산되었고, 또 2020년 7월에는 이름을 바꿔 공모한 '국립과학관'은 원주에 밀려 좌절되었습니다. 우리나라 경제발전을 이끌었던 역동의 '산업 수도 울산'에 국립산업기술박물관이 들어서야 합니다.

우리나라는 반세기 만에 세계 10위권의 경제 대국으로 성장했습니다. 세계사에 유례없는 성장을 이룬 근간은 산업기술 덕분입니다. 그러나 소중한 산업기술 유물과 경제발전 성공 경험은 제대로 보존되지 못하고 사라져 가고 있습니다. 그렇기에 대한민국의 산업발전 역사를 조명하고 미래 비전을 담을 국립산업박물관은 꼭 필요합니다. 이미 선진국은 산업기술 박물관을 건립하여 산업화 유산을 보존·전시하고 복합문화공간으로 활용하고 있습니다.

시카고 과학산업박물관이 바로 그 예일 것입니다. 시카고 과학산업 박물관은 미국 7대 박물관 가운데 한 곳입니다. 과학기술과 자연현상 등을 모형실험과 샘플을 통해 체험하고 원리를 이해하도록 꾸며져 매년 400만 명이 찾고 있습니다. 시카고 과학산업 박물관은 미국의 유명 유통업체인 시어스 로벅앤드컴퍼니(Sears, Roebuck and Company)의 줄리어스 로젠왈드(Julius Rosenwald) 회장이 산업기술문화 진흥을 목적으로 1933년에 개관했습니다.

또한 독일에도 이와 같은 과학기술 박물관이 있습니다. 독일 과학기술 박물관은 독일 남부 바이에른주의 주도 뮌헨에 있는 박물관이며, 과학 관련 자료를 주로 전시합니다. 프랑스에도 프랑스 파리 라빌레뜨 과학산업관이 있어 중요한 교육의 장이 되고 있습니다.

우리나라에도 경제발전을 이끌었던 역동의 산업도시 울산에 국립산업기술박물관이 들어섭니다. 산업기술 유물의 전시와 보존은 물론 첨단기술 홍보, 과학·기술 인재 육성 교육 체험 등의 복합문화공간이 될 국립산업기술박물관. 국민에게 자부심을 주고, 후손에게 꿈을 줄 수 있는 박물관이 될 수 있을 것입니다. 이러한 산업박물관을 꿈꾸며 몇 가지 질문드리오니 성실한 답변 부탁드립니다.

첫째, 115만 울산시민이라면 누구라도 '산업박물관' 건립을 쌍수를 들어 찬성할 것입니다. 사실, 산업박물관을 둘러싼 최근 울산시의 여러 움직임을 보면 조금 혼란스럽습니다. 국립산업박물관이 사라지고 국립과학관으로 바뀌더니, 지금은 산업기술 문화공간으로 바뀐 것으로 보입니다.

지금 건립을 구상하고 있는 '산업기술문화 공간'이 국립산업박물관을 대체한 것인지요? 그리고 '산업기술문화 공간'이 들어설 장소는 여전히 국립산업박물관이 들어서려고 준비한 옛 군부대 주변입니까? 또 국립이면 연구용역비나 건립비, 운영비가 국가 재정으로 된다는 것인데 국립입니까, 아니면 시립인가요?

둘째, 산업기술문화 공간은 기껏 부지 30,000㎡에 건축 총면적은 16,000㎡로 그다지 크지 않은 공간인데, 송 시장님께서 언론과의 대담에서 밝힌 '대공원을 4차 산업혁명 공원'으로 만드시겠다고 한 시설들이 '산업기술문화 공간'에 모든 것이 담깁니까? 송 시장님의 '대공원을 4차 산업혁명 공원'과는 다른 공간인지요? 또 언론에 등장하는 과학 공원은 무엇입니까? 자세한 설명 부탁드립니다.

셋째, '산업기술문화 공간'의 사업 규모로 보아 국립이면 예비타당성 심사를 거쳐야 할 것인데, 115만 명의 도시 규모로는 경제성(B/C)이 나오지 않을 텐데 이와 관련한 대응 대책이 있는지요? 시립이라도 300억 원 이상 예산이 투입되는 사업은 중앙투융자 심사를 거쳐야 하는데 그 고개를 쉽게 넘기 어려울 텐데 이에 대한 대책도 있는지요?

산업기술박물관 건립 추진을
환영하며

국립산업기술박물관 건립은 박근혜 전 대통령의 공약 1호였으나 지난 2017년 8월 예비타당성 조사에서 경제성이 낮다(0.16)는 이유로 무산되었습니다. 그 당시 건립비를 애초 1조2,000억 원에서 3차례에 걸친 대대적인 규모 축소를 하여 1,865억 원까지 쪼그라들었지만, 그것도 모자라 끝내 백지화로 결론 났었습니다.

정부 발표 이후 울산시도 예비타당성 조사 방법에 대해 문제 제기만 했을 뿐 별다른 대책을 마련하지 못하고 정권이 바뀌어 산업기술 박물관은 시민들의 기억에서 지워졌습니다. 박근혜 정부는 유감스럽게 우리나라를 세계 10대 경제 대국으로 이끈 산업 수도 울산 시민의 자긍심에 큰 상처를 입혔습니다. 그러다 지난 11월 20일 '울산시가 산업기술 박물관과 국립 체험형 미래과학관 건립을 동시에 추진'이란 반가운 언론 보도를 접했습니다.

보도에 의하면, '울산시가 최근 국립으로 추진하던 산업기술 박물관은 규모를 줄이되 정부의 지원을 받아 시가 추진한다는 전략입니다. 미래과학관은 송철호 시장의 공약으로 국립을 추진해왔으나 정부가 규모를 줄여 지자체 공모하기로 함에 따라 전략을 수정해 공모에 도전할 것'이라고 했습니다.

더 나은 울산 새벽을 연다

우려스러운 것은 정부의 예비타당성 조사의 벽을 넘지 못하지 않을까 하는 점입니다. 본 의원의 경험에 의하면, 예비타당성 조사는 편익 항목 산정에 CVM(Contingent Valuation Method 조건부가치측정법) 방식의 설문조사를 사용하고 있어 수도권, 즉 인구가 많은 큰 도시에 유리하게 되어 있습니다. 우리 시민만 조사대상으로 하는 게 아니라 일반 국민도 일정 수 포함돼 있어 건립 예정 지역으로부터 멀어지면 멀어질수록 국민은 지급 가격이 낮아져 경제성이 낮게 평가됩니다. 한꺼번에 두 마리 토끼를 잡을 수만 있다면 더할 나위가 없겠으나 결코 쉬운 일이 아닌 만큼 전략적 접근이 필요합니다.

사실, 우리나라는 단시일 내 압축 성장한 세계적으로 유례가 없는 초고속 경제발전을 이뤄내고도 그 역사를 보여줄 박물관 하나 없습니다. 개발도상국들이 한국을 본받으려 애를 쓰고 있지만 우리는 그것을 보여줄 산업박물관이나 노동역사 박물관이 없습니다. 산업박물관이나 노동역사 박물관을 건립한다면 그곳은 울산이 되어야 합니다. 울산은 우리나라 산업역사를 고스란히 간직하고 있는 도시입니다. 산업화한 오늘의 우리나라를 만든 산업 수도입니다. 그리고 노동자의 땀과 피로 점철된 노동의 역사가 살아 있는 노동자의 도시입니다. 산업과 노동의 역사를 아우르는 산업기술 박물관을 울산에 건립하는 것은 필연적인 일입니다.

산업기술 박물관에서 대한민국 산업의 과거와 미래를 보고 산업 관광을 한다면 그 효과는 배가될 것이라 확신합니다. 새로운 관광 자원이 창출되는 것으로 면면히 이어온 7천 년의 역사유적과 천혜의 자연이 어우러진 관광지로 지역 관광산업이 한 단계 도약할 수 있을 것입니다.

산업기술 박물관 재추진을 환영하며 몇 가지 질문드리오니 성실한 답변 부탁드립니다.

첫째, 국립산업기술박물관을 고집하는 일각의 반대를 어떻게 잠재울 수 있는지요? 일각에서는 구상하고 추진하려는 산업기술 박물관에 대해 '국립'을 떼고 규모도 대폭 줄여 건립한다면 전 정부에서 추진해왔던 방향과는 달라, 결국은 '국립산업기술박물관' 건립 기득권을 잃을 수 있다며 반대의 목소리도 있는 것으로 압니다. 이와 관련하여 설득할 수 있는 논리가 있는지요?

둘째, 산업기술 박물관의 입지는 어디를 두고 추진하는지? 농수산물도매시장 이전과 관련하여 구·군의 이전투구 양상과 주민 갈등을 알고 있을 것이라 봅니다. 주민들 간에 갈등을 일으키지 않기 위해서는 시장님의 결단이 필요합니다. 지난 정부에서는 울산 남구 두왕로 변의 울산대공원 끝자락에 있는 옛 유류부대를 중심으로 한 이곳을 우리나라 산업화의 역사와 미래를 담을 산업기술 박물관 건립 예정지로 지정했습니다. 이곳은 산업현장과 연계성이 있고 울산대공원, 울산박물관과 연계할 수 있고, 시내 교통 접근이 쉬운 장점이 있습니다. 이곳은 여전히 산업기술 박물관 터로 최적이라고 판단됩니다. 건립할 터로 유효한가요?

셋째, 추진하는 산업기술 박물관은 예전의 산업기술 박물관과 무엇이 다른지요? 지난 2017년 8월 무산됐던 국립산업기술박물관 대신 일부 사업비를 울산시가 충당하는 '산업기술 복합문화공간' 형식의 '산업기술 박물관'을 추진한다는데, 예전 전시 중심의 '산업기술 박물관'과는 지향하는 바가 무엇이 다른 것인지 구체적인 내용을 설명하여 주시기 바랍니다. 그리고 산업기술 박물관에는 산업과 노동역사를 같이 담아야 할 줄 압니다. 그러므로 규모가 어느 정도 있어야 노동의 역사를 전시할 수 있을 것인데 지금 구상한 규모로 가능한지요? 산업기술 박물관 대강의 개요를 설명해 주시기 바랍니다.

넷째, 산업기술 박물관의 운영비는 어떻게 되는지요? 박물관은 전액 국비 지원의 기존 국립 체제와는 달리 '국립'이라는 명칭을 떼고 울산시가 10% 사업비를 내고 나머지 사업비는 국비로 충당한다는데 건립 이후 운영 주체는 울산시가 되는지? 그리고 운영비 충당은 어떻게 되는지 소상한 설명 부탁드립니다.

일본의 수출규제에 대응한
피해 지역기업 맞춤형 밀착 지원에 나서라

　오늘 저는 일본의 경제침략 전쟁에 대한 우리 시 대응 대책에 대하여 질문하고자 합니다. 질문에 앞서 지금까지 진행되어온 일본의 만행, 이에 대응한 불매운동에 대해 잠시 되새겨 보겠습니다.

　아시겠지만, 지난 7월 4일 일본은 문재인 정부 들어 위안부 보상, 강제 징용자 대법원 배상 판결, 일련의 과거사 보복 조치로 핵심 반도체 원료의 한국 수출을 규제한다는 발표를 한 이후 8월 2일 백색국가 명단(white list-안보 우방국으로 평가되는 국가를 지정하여 첨단기술 제품의 수출 허가를 면제해주는 차별적 수출관리 제도)에서조차 우리나라를 제외했습니다. 일본의 경제침략은 과거사가 원인이라지만 그 이면에는 우리나라가 성장함에 따라 일본이 느끼는 위협과 실질적 타격이 있다고 생각합니다.

　이유야 어떻든 우리나라를 배제한다는 것은 안보 우방국으로 대하지 않고 수출규제를 하겠다는 뜻이므로 이젠 우방이 아니라 경제적국입니다. 현재, 일본의 경제침략에 분노한 국민은 "NO 아베! 안 가겠습니다! 안 사겠습니다!"라는 기치 아래 일제 불매운동을 벌이고 있습니다.

　이런 불매운동을 살펴보면 우리 국민이 얼마나 지혜롭고 현명한

지 찬탄을 금할 수 없습니다. 정부나 언론이 불매운동을 선동한 적도 없는데 국민 스스로 불매운동을 펼치고 있습니다. 정부는 불매운동에 나서지 말고 경제주권을 지키기 위한 원칙적 대응 전략 마련에 집중하라고 주문하고 있지만 국민이 자발적으로 나서고 있습니다. 들불처럼 일어나고 있는 불매운동은 파괴 운동이 아니라 극일운동으로 승화되었습니다. 이젠 일본 국민을 반대하는 운동이 아니라 아베를 반대하는 운동으로 바뀌었습니다. 또 불매운동이 불용을 의미하진 않습니다. 개인의 선택을 존중하고 있고, 본인이 할 수 있는 범위에서, 본인이 만족하는 범위에서 펼쳐지고 있습니다. 불매운동이 일본 국민을 반대하는 것이 아니라 아베를 반대하는 것이고, 일본 의존도를 낮추고, 기술자립으로 극일로 가자는 운동으로 한 차원 높게 일어나고 있습니다.

이 자릴 빌려 시민들께도 호소합니다. 지금은 일본의 경제침략에 맞서 전쟁을 하고 있습니다. 너와 나 정치적 생각이 달라도 사려분별을 따질 때가 아닙니다. 이번 수출규제에 대응해 정부는 수입 다변화, 국산화 정책을 마련해 추진하고 있습니다. 시간과의 싸움이겠지만 정부를 믿고 국민의 도리로서 불매운동에 함께해주시길 간곡하게 부탁드립니다. 끈질기게 함께하면 이길 것이라 확신합니다.

존경하는 송철호 시장님!

지금은 일본의 경제침략에 맞서 전쟁을 하고 있습니다. 이 싸움에서 지면 모든 걸 다 잃습니다. 국제시장에서 우리 기업의 퇴출은 물론, 국민의 자존심도 큰 상처를 입고 국격도 품위를 잃을 수 있습니다.

불매운동이 민간에서만 벌어지고 있는 건 아닙니다. 부산시를 비롯한 지방자치단체 수십 곳이 교류 행사를 중단하거나 취소하고 있고, 기업의 피해를 최소화하기 위해 지역 여건에 맞는 다양한 대책을 마련해 시행하고 있습니다. 그런데도 우리 시는 너무 안일하게 대응하는 것은 아닌지, 매우 안타깝습니다.

제가 7월 27일 제출한 '일본과 교류 행사 현황'에 대한 서면 질문에 대해 울산시는 '사안별로 현 상황이 나아질 때까지 연기 또는 보류를 신중하게 검토할 계획'이라고만 답변했습니다. 저는 질문서에서 울산시와 교육청, 그 산하 기관·단체, 보조금을 받는 단체까지 교류를 중단할 것을 건의했습니다.

답변해 주신 울산시의 교류 현황 이외에 교육청과 산하 기관·단체의 교류 현황을 자세히 알려주시고, 저는 아베가 사과하고 상황이 나아질 때까지 울산시와 교육청, 산하단체 기관 및 보조금을 받는 단체까지 일본과의 교류 행사를 전면 중단해야 한다고 생각합니다.

여기서 몇 가지 질문드리겠습니다.

첫째, 일본과의 교류 행사 전면 중단 의향은 없는지요? 그리고 불매운동으로 우리 시는 큰 기회를 맞았습니다. 불매운동에 따른 국내 관광 활성화가 기대됩니다. 국민의 사랑을 받는 대왕암공원,

영남알프스, 반구대암각화 외 태화강대공원이 국가 정원으로 지정되면서 새로운 관광자원으로 활용성이 크다고 봅니다.

둘째, 불매운동에 따른 우리 시 관광 활성화를 위한 관광 대책을 마련하고 있는지? 있다면 구체적인 대책을 소상하게 답변해 주시기 바랍니다.

다음은 일본의 수출규제 대응 관련입니다.

저의 서면 질문에 '경제부시장을 단장으로 한 '비상대책반'을 운영하고, 피해 상황을 모니터링 하고, 관계기관과의 협력체제 구축, 지역기업의 피해를 최소화하겠다. 또 장기적으로 대일 수입 비중이 높은 기업의 수입선 다변화를 지원하고, 부품소재산업에 대한 연구개발 지원으로 대일 의존도를 낮추는 노력을 병행하겠다'라는 답변을 했습니다. 지극히 공무원스러운 답변입니다.

공자 왈 맹자 왈 외우기만 하고 실사구시가 부족했던 조선 시대 선비들의 책문도 이보다는 낫습니다. 구체적인 기업의 피해 상황이나 피해 기업에 대한 자금지원, 수입선 안내, R&D 지원 등 구체적인 지원 대책이 필요한 거 아닙니까?

언론 보도에 따르면 연간 10만 달러 이상 기준, 363개 품목에 대한 지역기업의 대일 수입 의존도를 분석한 결과 ▲90% 이상 의존도 품목이 77개 4억3,200만 달러 ▲50~90% 미만 77개 품목 3억5,200만 달러 ▲50% 미만은 209개 품목에 7억7,100만 달러로 조사됐다고 합니다. 이렇듯 지역기업의 피해가 큽니다.

우리 시는 지금 이 시국에 무엇을 해야 합니까? 기업 현장에서는 어려움을 호소하고, 신속히 피해를 최소화할 수 있도록 지원을 주문하고 있습니다. 그들의 요구에 부응해야 하는 거 아닙니까?

그동안 울산시는 재해가 발생하면 시민의 재산을 지키고 인명 피해를 줄이기 위해 직원들은 비상대기하며, 사전에 피해 지역을 살피는 등 비상 대책을 추진해 왔습니다. 피해가 나면 피해 현황을 조사하고, 복구를 위해 전 직원이 복구에 동원되었고, 예비비를 사용하는 등 신속한 복구를 위해 불철주야 일했습니다.

일본이 건 경제전쟁에서 이겨야 합니다. 왜 이리도 답답하니까? 왜 기업의 피해 지원 활동은 적극적이지 못하고 미지근합니까? 지역기업의 피해를 최소화하기 위한 대응 전략은 ▲재고 확보 ▲수입선 다변화 ▲국산화에 기반을 둔 '기업별 맞춤형 밀착 지원' 대책으로 모아져야 합니다. 울산시의 가용 행정력과 예산을 피해 기업 지원에 사용하길 건의하면서 질문드립니다.

셋째, 일본 의존도 10만 달러 이상 기준으로 총 363개 품목에 15억5,500만 달러라 하는데, 피해를 본 품목별 기업의 총 현황을 말씀해주시기 바랍니다.

넷째, 피해 기업별로 재고 확보, 수입선 다변화 등 통상지원, 국산화를 위한 R&D 지원 등 극일로 가기 위한 기업별 맞춤형 밀착 지원 대책이 있다면 무엇인지 말씀해주시기 바랍니다.

다섯째, 우리 시만으로 피해 기업에 대한 지원이 어려울 텐데, 정부와 연계 대응, 무역협회 등 여러 경제단체와의 긴밀한 협력이 필요할 줄 압니다. 이와 관련한 대책이 있는지 밝혀주시기를 바랍니다.

존경하는 송철호 시장님!

기업의 생존이 달린 문제입니다. 수많은 노동자의 밥줄이 달려 있습니다. 울산의 미래가 달려 있습니다. 국가의 명운이 걸려 있습니다. '기업별 맞춤형 밀착 지원' 대책으로 일본이 건 경제전쟁에서 반드시 이겨 주시길 당부드리며 시정 질문 마칩니다.

사회복지시설 종사자
단일임금제 도입 제안

오늘 본 의원은 울산시 사회복지증진을 위해 현장에서 수고하고 있는 사회복지시설 종사자의 '단일임금제' 도입을 제안하고자 이 자리에 섰습니다.

현 실태를 살펴보면, 사회복지시설 종사자의 임금은 일반적으로 보건복지부 인건비 가이드라인에 따라 매년 직급과 호봉이 올라가는 방식을 채택하고 있으나, 울산시는 여전히 예산사정으로 적용하지 않은 시설이 있으며, 또 사회복지시설마다 임금 수준은 천차만별이며, 특히 여성가족부 소관 시설의 경우는 아예 이런 기준조차 없는 상황입니다.

많은 사회복지시설 중에서도 '지역아동센터'나 '여성 폭력 상담 지원시설'은 훨씬 더 열악한 상황입니다. 사회복지 분야의 유사 업무를 수행하지만 사회복지시설 종사자 간에 각각 다른 기준의 임금체계를 적용하고 있어 이에 따른 상대적 박탈감을 느끼고 있고, 이로 인한 복지사의 이직이 잦은 실정입니다. 그러므로 사회적 박탈감과 근로 의지에 대한 상실감은 전문적이고 안정적인 사회복지서비스를 제공하는 데 큰 저해 요인이 되고 있습니다.

사실, 2013년 의원 입법으로 「사회복지사 등의 처우 및 지위 향상을 위한 법률」에 따라 울산 지역 사회복지사 등의 처우 개선과 지위 향상 등에 필요한 사항을 정하여 사회복지사 등의 사기 진작과 복지 증진에 이바지하고자「울산광역시 사회복지사 등의 처우 및 지위 향상에 관한 조례」를 제정한 바 있습니다. 조례의 주요 내용은 사회복지사 등의 처우를 개선하고 신분보장 및 사기진작에 필요한 사항을 규정한 것으로 '사회복지사 등의 보수가 사회복지 전담 공무원의 보수 수준에 도달하도록 노력할 것과 사회복지사 등의 처우 개선 및 지위 향상을 위한 방향, 신변안전 보호 및 근무환경개선 사항 등을 담은 종합계획 수립, 처우 개선을 위한 자문위원회 설치·운영, 실태조사 등을 규정'하고 있습니다. 이 조례가 규정한 대로 울산시가 사회복지사의 복지 증진을 위해 임금 등 처우 개선을 어떻게 해왔습니까?

사회복지사 등의 보수가 사회복지 전담 공무원의 보수 수준에 도달하도록 노력해야 한다고 규정하고 있는데, 어느 정도의 수준에 도달해 있습니까? '사회복지시설 종사자 처우 실태조사'를 실시한 적은 있습니까?

서울이나 부산, 대구 등 다른 시도에서는 종사자 처우 실태조사를 하고, 임금 수준을 사회복지 전담 공무원 대비 86.7%, 보건복지부 인건비 가이드라인 대비 91.5% 정도 수준으로 인상한 것으로 알려졌습니다. 한발 더 나아가 서울과 부산, 대구시는 현재 '단일임금제'를 도입해 시행하고 있습니다.

사실, 우리 시는 복지종사자들의 처우 개선을 목표로 정하고 임금 실태조사를 한 적이 없고 그저 해마다 정부의 예산지침에 따라 임금을 조금씩 인상하는 것에 그치고 있습니다. 그러다 보니 현장에서 느끼는 처우 개선 체감도는 아주 낮은 상황입니다.

울산시가 직접 해야 하는 복지사업을 위탁하고 있는 이유는 조직이 비대해짐으로써 빚어지는 효율성 저하를 막고 민간 사회복지사업의 전문성 강화 및 산업화를 통한 사회복지 일자리 창출에 있다고 봅니다. 그러기 위해서는 필연적으로 처우 개선이 뒤따라야 합니다. 지금은 복지 수요가 지속해 증가하고 일선 사회복지시설 종사자의 업무강도가 높아짐에도 불구하고 처우 수준은 노동 강도에 비해 낮은 실정입니다. 복지사의 처우 개선 없이 복지 만족도를 높일 순 없습니다. 사회복지시설 종사자의 복지 증진과 동일 노동 동일 임금의 가치실현을 위한 '단일임금제 도입'을 제안합니다.

그리고 올해, 단일임금제 도입을 전제로 한 복지시설 종사자의 임금 실태를 조사하고, 종사자와의 협의를 통해 단일임금제 도입을 서둘러 주실 것을 건의합니다.

◆

하루살이 노동자의 삶을 위한
생활임금제 도입 필요

울산은 노동자 임금 격차가 큰 도시다. 대기업의 하도급 근로자나 중소기업, 공공부문의 노동자는 대기업 노동자의 임금 수준에 비해 적게는 50%, 많게는 80% 정도 낮은 수준의 임금을 받고 있다. 이러니 노동자 간 소득양극화로 사회불안 요인이 되고 있다. 여기에다 울산은 다른 도시보다 물가 수준도 높아 살기가 어려워 불안을 더 부채질하고 있다.

그런데도 저임금으로 인한 소득양극화라는 위기에 대응한 울산시의 노동자 임금정책은 없다. 지역 경제발전을 위한 경제정책은 마련해 시행하고 있지만, 노동자의 임금 수준 격차 완화를 위한 정책은 마련한 적이 없다. 노동정책과 임금정책은 시장경제에 맡겨두고 열악한 환경에 놓인 노동자의 삶을 따뜻한 시각을 갖고 개선해보려 한 적은 없다.

사실, 울산의 높은 물가 수준 등을 고려할 때 최저임금으로는 최소한의 생활 여건을 보장하기 어려운 상황으로 최저임금제의 문제점을 보완하고, 근로자의 생활 안정과 교육·문화·주거 등 각 분야에서 실질적인 삶의 질 향상에 이바지하기 위해서는 최소한의 생활 수준을 보장하는 '생활임금제' 도입이 절실하다. 최저임금제도가 기초적인 삶을 영위하는 데 실질적인 역할을 하지 못하고 있다는 비판을 받는 상황에서 생활임금제도는 지방자치단체가 활용할 수 있는 지역 차선의 임금정책이다.

생활임금은 최저 빈곤 수준을 넘어 실질적으로 생활이 가능한 정도의 임금을 의미한다. 즉, 개인의 생존 보장만 하는 최저임금과 달리 생활임금제도는 한 가구의 생계가 가능한 정도의 임금을 노동자에게 보장하는 것으로 우리나라에서는 지방자치단체의 '공공부문'에 먼저 도입되어 운영되고 있다.

생활임금제도는 영국, 미국, 일본과 같은 나라에서는 제도화되어 운영되고 있고, 우리나라의 경우 2012년 서울시 성북구와 노원구가 참여연대의 제안을 받아 행정명령을 통해 생활임금 제도를 최초로 도입하였다. 그 결과 서울시를 비롯한 7개 광역자치단체와 68개 기초자치단체 등 총 75개 자치단체에서 운영 중이다.

지방자치단체의 생활임금은 노동자에게 인간으로서 최소한의 인간다운 삶을 보장하기 위해 지역적 특성을 고려하여 결정되고 있다. 적용대상은 예산 사정으로 자치단체 및 산하 투자·출연 기관 소속 노동자, 자치단체로부터 그 사무를 위탁받거나 자치단체에 공사·용역 등을 제공하는 기관이나 업체에 소속된 노동자, 자치단체로부터 사무를 위탁받거나 공사·용역 등을 제공하는 기관이나 업체의 하수급인이 고용한 노동자이다.

생활임금은 매년 지역의 물가상승률, 노동자의 평균 가계지출 수준 등 경제·노동 환경, 최저임금법에 따라 매년 고시되는 최저임금 등을 고려하여 별도로 설치된 생활 임금위원회가 결정한다. 자치단체장은 생활임금 확대를 위하여 자치단체와 위탁·용역·조달 등의 계약을 체결하고자 하는 당사자와 생활임금 적용에 관한 내용을 계약으로 체결하고 있으며, 생활임금 적용기업을 우대하고 있다.

지역의 중소기업, 대기업 하도급 노동자의 최소한의 삶을 위해서는 생활임금제도가 필요하다. 그러기 위해서는 선도적으로 공공부문부터 시행할 필요가 있다. 울산시가 직접 고용하고 있는 공무직 109명, 시 산하 공사·공단 직원 297명, 시가 민간 위탁하는 기관·단체의 90개 사무 1,328명의 노동자가 미래를 꿈꿀 수 있는 최소한의 삶을 영위할 수 있게 생활임금제도를 도입해야 한다.

◆

청소년 아르바이트
지원 필요

구김살 없이 희망과 꿈을 위해 학업에만 전념해야 할 청소년이 가족의 생계를 위해 아르바이트에 나설 수밖에 없는 현실이 안타깝다. 한국청소년정책연구원의 '청소년 아르바이트 실태조사'에 의하면, 고등학교 졸업 전까지 33.3%가 아르바이트 경험이 있다고 하며, 해마다 청소년기에 아르바이트를 하는 비율이 점점 증가하고 있으며, 아르바이트를 시작하는 나이도 점점 낮아지는 추세다.

청소년이 아르바이트를 하는 가장 큰 이유는 경제적인 것으로, 48.8%가 가정 형편상 필요한 용돈을 받지 못해 '용돈벌이'를 하는 것이었다. 다음으로 35.5%가 가정 형편이 어려운 저소득층 청소년이 가족의 '생계유지'를 위해서였으며, 끝으로 15.7%가 최초의 사회생활, 즉 직업 경험으로 '사회체험'을 해보기 위하여 아르바이트를 하는 것으로 나타났다.

여기서 우리가 주목해야 할 점은 가족의 생계를 돌보기 위하여 아르바이트를 하는 청소년이 의외로 많고, 그들의 나이도 어리다는 점이다. 그들에게 아르바이트는 단순히 학비를 버는 일이 아닌 가족의 생계유지를 위한 생존 수단이 된다. 그다음으로 '용돈벌이'다. 이 또한 경제적인 이유에서 벗어나지 않는다. 부모님의 부담을 덜어주기 위해 자신의 용돈은 자신이 해결하려는 학생들이 아르바이트에 나서고 있다.

청소년은 다양한 아르바이트를 하고 있다. 가장 많이 하는 아르바이트가 음식점 서빙(28.2%)이며, 전단지 돌리기(24.2%), 뷔페·웨딩홀 서빙(13.1%), 패스푸드 점원(7.4%), 편의점 직원(5.1%), 오토바이 배달(2.4%) 순이다. 심지어 건설 현장 노동, 퀵서비스도 하고 있다.

한편, 일하는 청소년이 늘어나고 있지만 이들의 노동 현실은 점점 더 열악해지고 있다. 노동 시간이 점차 길어지고 성인 못지않게 야간 노동이 많아지고, 노동 현장에서는 끊임없이 재해도 발생하고, 임금도 제대로 받지 못하는 경우가 비일비재하다. 또한 최근 코로나19 장기화에 따른 자영업자의 몰락으로 청소년의 아르바이트 자리는 점점 사라지고 있다.

대학생뿐 아니라 청소년에게 방학 기간만이라도 양질의 아르바이트 자리를 만들어 주고, 공직을 희망하는 청소년에게 체험 기회를 제공함으로써 꿈과 희망을 잃지 말고 꿋꿋하게 살라는 용기를 북돋아 주기 위해서 그에 필요한 조례를 만들어야 한다.

울산시와 교육청은 청소년의 아르바이트 자리를 많이 만들어야 한다. 우리 의원도 청소년이 아르바이트에 나서는 이유가 무엇이든 일하는 청소년을 위해 양질의 아르바이트 자리를 창출해야 하고, 일하는 환경을 건전하게 조성해 주어야 할 책임이 있으며, 그에 따른 관심을 가져야 한다.

'단순한 행정지도나 예산 조치만으로 시행할 수 있고 추진하고 있는 '산하 공공기관 청년인턴 채용사업'으로 볼 수 있다.'라는 것이다. 단순히 행정지도나 예산 조치만으로 정책을 펼친다는 것은 영속성을 보장할 수 없다. 이를 제도화하고 실천하는 것이 필요하다.

그리고 더 안타까운 것은 지난 2월 21일 행정자치위원회에서 조례안이 심의 보류되었다. 사유는 '학생 아르바이트는 경제적 어려움이나 학비 마련과 직접 연관이 있는 만큼 행정 체험의 기회가 아니라 일자리 창출 측면을 고려해 대학생으로 한정하는 게 바람직하다.'이다. 앞서 많은 청소년이 생계, 생존을 위해 현장에 뛰어들고 있다고 설명했다. 물론 일자리 창출 측면을 고려할 수는 있지만 당장 앞만 바라보며 생존을 위해 발버둥 치는 청소년을 외면할 수 없다.

정책도 한 단계 한 단계를 거치며 진행해야 완벽한 정책이 완성되듯, 일자리 창출을 최종 목표로 하되 지금은 현실적인 측면과 공익성을 먼저 고려해야 한다.

더 나은 울산 새벽을 연다

해상풍력발전사업 앞당겨
시민들에게 무상으로 전기를 공급하자

울산시가 수년간 미래 먹거리산업으로 육성하려는 '부유식 해상 풍력사업'을 두고 어느 후보는 실현 불가능하다는 억지 주장을 하고 있습니다. 정부 관료들이 바보입니까? 실현 불가능한 사업을 정부가 왜 그동안 지원해 왔습니까?

아시겠지만 사실 6GW급 부유식 해상풍력단지 조성사업은 이미 사업허가를 받았고, 오히려 당초 계획보다 9GW급 단지로 목표를 상향했습니다. 그런데도 이미 허가받은 사업을 실현 불가능한 일이라고 하는 것은 뭔가 잘못 아시고 말씀하신 것 같아 안타깝습니다. 아시다시피 수심 200m 이내의 넓은 대륙붕과 연중 평균 풍속 초속 8m 이상의 우수한 자연조건에다, 신고리 원전이나 울산화력 등의 발전소와 연결된 송·배전망 인프라, 여기에 미포산업단지 등 대규모 전력소비처, 세계적인 조선·해양 플랜트 산업체가 있기에 최적의 조건이라 정부가 지원해 온 것입니다.

그렇다면 수만 년간 안전에 대한 위험을 안고 살아야 하는 원자력발전소를 더 건설해야 합니까? 2012년 이후 해마다 수출이 줄어들고, 현대중공업이 물적분할하고, 알짜기업들이 타지로 옮겨가는 등 지역경제가 내리막길로 가도 마치 남의 일인 마냥 먼 산 바라보듯 대책 없이 월급만 축내던 전임 시장들을 보는 듯해 안타깝습니다.

최근 유럽연합(EU)이 '기업 지속가능성 실사법', 택소노미, 탄소국경조정제도, RE100 등 ESG(기업에 대한 비재무적 평가 기준이 되는 환경, 사회, 지배 구조 관련 요소) 규제를 국제표준화하고 있고, 각 나라의 기업이 ESG 경영체제로 전환하지 않으면 국제무대에서 퇴출 절차를 밟을 수 있음을 경고하고 있는 사실을 모른단 말입니까?

울산에 집적한 화학 산업이나 자동차, 조선·중공업 등은 탄소배출이 많은 제조업이라 당장 이들 산업이 직격탄을 맞는데도 멀뚱멀뚱 보고만 있어야 합니까? 이 사업은 울산의 해양 플랜트와 설계, 기계, 철강, 전기·전자 등의 축적된 기술과 인력이 있기에 가능한 사업으로 이들 전통 제조 산업이 에너지 신산업이라는 새로운 틀에서 새로운 먹거리를 만들어내는 것입니다. 한발 앞서 전통 제조업을 대체하여 세계시장을 선점할 사업이며, 이로 인해 일자리가 더 늘어나서 시민의 삶을 더 윤택하게 바꿀 수 있는 사업입니다.

사실, 부유식 해상풍력단지 조성과 단지의 유지관리 과정에서 발생하는 일자리 21만 개(6GW의 경우)는 청년에게 꿈의 일자리가 될 것입니다. 그리고 신재생 발전사업 제도에 의해 받게 되는 REC(재생에너지 공급인증)가 발전량에 비례하므로 매년 수천억 원의 막대한 세외수입이 들어오고, 이와는 별도로 '주민배당금'을 받을 수 있습니다.

본 의원은 이 사업으로 얻어지는 재원으로 울산시 전 가정에서 전기를 무상으로 쓰게 하고, 그리고도 남는 재원은 울산에서 태어난 아이들이 20세 될 때까지 '의료와 교육'을 지원하는 '기본소득제'

도입에 쓸 것을 제안합니다.

존경하는 송철호 시장님, 위기에 처한 지역산업의 시대 전환 아이콘이 될 '부유식 해상풍력사업'은 바다 위의 유전이 되어 에너지 강국의 미래를 열어줄 것입니다. 그러니 '부유식 해상풍력사업'이 성공적으로 추진될 수 있도록 모든 행정력을 집중해 주시기 바랍니다. 그리고 우리 의회에서도 시민과 함께 지혜와 힘을 모아 힘껏 지원하는 방안을 만들어야 하겠습니다.

올라도 너무 오른
공시지가 완급조절 필요

본 의원은 지난 2019년 10월 22일 이 자리에서 '공시지가 인상 완급조절'을 건의한 적이 있습니다. 오늘 또다시 '공시지가 인상 완급조절' 필요성을 말씀드리고자 합니다. 2021년의 공시지가는 올라도 너무 많이 올랐습니다. 올해 울산시의 공시지가는 작년보다 세 배 가까이 인상된 건 아시죠? 아시겠지만, 공시지가는 구청장과 군수가 토지에 대해 구·군 부동산평가위원회의 심의를 거쳐 매년 결정·공시하는 가격입니다.

울산시의 표준지 공시지가는 6.47%(전년 1.87%) 오른 8.34%로 인상되었습니다. 이는 2016년 10.55% 오른 이래 가장 높은 수준입니다. 주민들 세금과 직접 관련 있는 공시지가는 전국 평균 가격이 작년보다 4%포인트 더 오른 9.95%(전년 5.95%)로 인상된 가운데, 울산의 경우는 작년 2.39%보다 약 세 배나 오른 8.52%로 인상되었습니다. 작년(평균 2.39%)은 울산시의 전 구·군이 지역 경기침체와 코로나19 영향 등으로 2019년(6.44%)에 비해 두 배 이상 가격이 내려갔습니다. 이러니 올해 공시지가 인상은 충격으로 받아들이고 있습니다. 특히 남구(9.10%)가 가장 많이 올랐고, 이는 작년 2.30%보다 세 배 인상된 것입니다. 그동안 조선 경기침체로 어려움을 겪던 동구도 작년(전년 0.08%)보다 5.98%포인트 더 오른 6.06%로 인상됐습니다. 전 구·군이 세 배 가까이 올랐습니다.

물론 공시지가 인상 요인은 있습니다. 인상 요인을 살펴보면 중구와 남구 등에서 본격 추진되고 있는 각종 재건축과 주택재개발사업 움직임, 지역의 지속 발전의 성장 동력이 될 나인(9)—브리지 사업의 가시화가 있을 것입니다. 그러나 무엇보다 올해 가장 큰 인상 요인은 2022년까지 부동산 가격 현실화 로드맵에 따른 현실화율 제고 및 부동산시장 안정화, 아파트 가격폭등에 따른 보유세 강화 등 정부의 여러 정책적 요인이 크게 작용한 걸 들 수 있습니다.

공시지가는 세금을 부과하기 위한 기준가격이라 현재보다 높아지면 세금부담은 커질 수밖에 없습니다. 지역경제 상황은 크게 나아지지 않았는데 공시지가가 작년보다 세 배나 올라 주민들의 원성이 자자합니다.

더욱이, 공시지가 인상은 그저 재산세 등 세금만 조금 더 내는 것으로 끝나지 않습니다. 이와 연관된 국민건강보험료 및 피보험자 자격 취득, 노령연금 수급 대상자 판단, 기초생활보호 대상자 선정, 근로 장려금 신청 자격, 사업주의 융자·지원금 신청, 생계유지 곤란자의 병역감면, 대학생 학자금 융자 등 수없이 많은 정부의 정책과 연동되어 있습니다.

더불어, 공시지가 인상은 명목상 부동산 가격 인상으로 실질적인 소득증가는 아니어서 일시에 가격이 급등하면 '보유세 폭탄'이라는 말이 나오고, 조세저항은 물론 세입자에게 조세를 전가하는 새로운 문제가 발생할 수 있습니다.

시장님께 건의드립니다. 시중의 여론을 들어보시고, 구청장·군수와 긴밀한 협의를 하십시오. 또 정부에도 지역 사정을 잘 설명하시어, 시민에게 급격한 세금부담을 주지 않도록 중·장기적으로 완급을 조절해 나가도록 건의드립니다.

더 나은 울산 새벽을 연다

3장

우리는 더불어 잘 사는 시민

◆

생활 속의 불편 해소를 위한
작은 정책 제언

내년 6월 1일이면 민선 7기 임기가 끝나고 지방선거가 있습니다. 사실, 올해 12월 편성하는 '2022년도 회계 예산'이 민선 7기의 정책 의지를 마지막으로 담을 수 있는 예산입니다. 주민의 생활 속 불편을 해소할 수 있는 몇 가지 정책을 건의하오니 민선 7기 마지막 예산에 반영하여 주시기 바랍니다.

첫째, 어린이보호구역 내 안전 강화 대책 마무리. 일명 민식이 법으로, 어린이 보호구역으로 지정한 348개 곳의 '안전시설 강화 사업'을 2022년 완료를 목표로 추진하고 있습니다. 지금까지 무인 교통단속 장비는 74억2천8백만 원으로 234대 설치했고, 55억7천8백만 원을 들여 시급한 80곳의 어린이 보호구역 개선사업을 추진했습니다. 다시는 안전대책이 없어 사고가 났다는 말이 없도록 계획된 사업을 마무리해야 합니다. 어린이보호구역 내 개선 사업비 17억 원, 무인 교통단속 장비 시설비 30억 원의 예산을 반영해 주시기 바랍니다.

둘째, 열악한 주거 밀집 지역의 주차장 설치 건의. 어린이 안전 강화를 위해 주차장법이 개정돼 지난 7월 13일부터 어린이보호구역 내 설치된 '거주자 우선 주차장'이 철거되고, 10월 1일부터 일제

단속에 나서고 있습니다. 철거된 지역 대부분은 아주 오래 전에 개발돼 주차장 시설이 열악한 골목길이라 주민이 큰 불편을 겪고 있습니다. 단독주택 또는 다가구, 다세대 주택이 골목에 밀집한 곳에 설치된 주차장이라 인근에 주차장을 확보할 수 있는 곳이 없어 불법주차가 성행하고 있습니다.

보다 못해 제 지역구인 옥동과 신정4동은 학교장을 설득해 운동장을 주차장으로 개방하고 있으나 부족합니다. 주차장 설치는 재정 여건상 하루아침에 해결할 수 없습니다. 울산시가 교육청과 협의하여 학교 운동장을 활용한 지하 주차장 건립 5개년 계획을 수립해 시의 재정 범위 내에서 해마다 몇 곳이라도 건설해 주시길 건의드립니다.

셋째, 쾌적한 도로 환경 개선. 시내 곳곳이 100mm 폭우에도 침수되는 곳이 많습니다. 차가 가장자리로 달리면 물이 튀어 행인이 큰 곤혹을 치르고 있습니다. 또 가로수가 크게 자라면서 뿌리가 인도의 보도블록을 들어 올려 울퉁불퉁해져 노인들이 걸어 다니기가 여간 불편한 게 아닙니다. 이러다 보니 민원도 자주 제기되고 있습니다. 또한 동네 골목길에 설치된 도로 표지가 잘못되거나 퇴색되어 알아보기가 쉽지 않아 반복적으로 불법을 저지르게 되고, 골목 어귀 반사거울과 방지턱이 규정에 미달하거나 없어 사고가 자주 납니다.

물론 이 일은 구청장과 군수가 해야 할 일입니다. 해마다 인도와 도로 환경을 개선하고 있지만 구·군의 예산사정으로 여전히 불편한 곳이 많습니다. 시와 구·군이 힘을 모아 조금만 정성을 들여 추진한다면 시민의 호응이 클 것이라 확신합니다. 도로 실태를 일제히 조사해 쾌적한 도로 환경으로 개선해 주실 것을 건의드립니다.

넷째, 버스 정보 단말기 설치 건의. 해마다 10여억 원씩 들여 버스 정보단말기를 설치하고 있지만, 여전히 버스 타기가 불편합니다. 아직도 버스 정류장은 3,140곳이나 버스 정보단말기가 설치된 곳은 1,417(45.1%)곳에 지나지 않습니다. 한 곳을 개선하는 데 단말기기 값만 5백만 원 예산이 소요된다니 86억 원 정도 소요됩니다. 지금은 매년 민원이 생기는 곳에 땜질식으로 설치하고 있습니다. 교통체계 개편에 맞춰 버스 정보기를 일거에 설치해 주민 불편을 해소해 주십시오.

다섯째, 문화예술인의 창작활동과 복지 증진 지원. 코로나19로 문화예술인의 삶이 아주 많이 어려워졌습니다. 창작활동도 크게 위축되었고, 예술인의 생활은 필설로 표현하기 어려울 정도로 피폐해져 있습니다. 예술인의 복지를 증진하기 위해 제정해 운영 중인 「울산광역시 예술인 복지 증진에 관한 조례」에서 정한 지원 정책이 예산 사정으로 모두 지원되고 있지 않습니다. 예술은 우리의 삶을 풍요롭게 합니다. 창작활동과 복지 증진에 통 크게 지원해 주시기를 건의드립니다.

◆

우리는
더불어 사는 시민

아뿔싸!

농수산물도매시장에서 화재가 또 발생했습니다. 설 대목을 일주일 남짓 앞둔 24일 이른 새벽, 농수산물도매시장 수산물 소매동이 모두 불에 타서 무너져 내린 대형 화재였습니다. 다행히 장사가 끝나 인명 피해는 없었습니다. 3년 전에도 추석 대목을 불과 엿새 앞둔 9월 8일 저녁, 이번에 불이 난 수산물 소매동 바로 옆에 있는 종합식품동에서 화재가 발생했습니다. 그때는 49개 점포 중 4개 점포가 소방서 추산 2천400만 원의 재산피해를 보았습니다. 비슷한 화재가 되풀이되다니 안타깝습니다. '국립과학수사연구소'의 정밀감식 결과가 나와 봐야 알겠지만, 화재에 대한 경각심 부족 때문이 아니었나 하고 걱정이 됩니다.

수산물 소매동이 전소하는 바람에 78개 소매점포가 잿더미로 변했습니다. 이곳은 횟집, 생선과 고래고기 등을 판매하는 점포 78개가 영업하던 곳입니다. 소방서 추산 재산피해만 부동산 5억7천만 원, 동산 7억8천만 원을 합쳐 13억 5천만 원이나 됩니다. 상인들은 가게마다 물건값만 수천만 원대이고, 냉장고 등 집기류까지 포함하면 최소 1억 원 넘게 피해를 봤다고 하소연합니다. 상인들도 어려워졌지만, 횟집에서 횟감을 뜨던 이른바 '칼잡이' 18명과 점포에서 일하던 일용직 근로자 40여 명은 보상금 한 푼 못 받은 채 생계터전을 하루아침에 잃고 길거리로 내몰렸습니다.

시의원이 돌아가며 당직을 서는 현장 지원센터를 찾아와 "요즘은 일용직 일자리 찾기도 어렵다."라며 한나절이나 붙잡고 하소연하는 분도 있었습니다. 또 수십 년 가까이 횟집을 운영해온 한 상인은 "이 가게가 내 전 재산"이라며, "남편 돌아가신 후 혼자서 해 왔는데 불에 다 타버렸으니 이제 뭘 어찌해야 할지 모르겠다."라고 저를 붙잡고 한탄하기도 했습니다.

울산시에서는 이분들이 30일부터 영업을 재개할 수 있도록 임시 영업장을 설치했습니다. 하지만 준비가 덜 되고 추워서 그런지 손님이 예전 같지 않아서 무척 어려워하는 것 같습니다. 행정당국이 나서서 지원한다 해도 역부족입니다. 시민 여러분께 성금을 내라는 염치없는 말씀은 드리지 않겠습니다. 화재로 망연자실한 상인은 재기를 위한 용기를 잃고 도움을 기다리고 있습니다.

이럴 때 손잡고 시민정신을 발휘합시다. 시민의 작은 정성과 관심이 있으면 모두가 행복해질 수 있습니다. 정성스러운 마음이 모이면 불의의 화재로 시름에 잠긴 상인에게 큰 용기를 줄 수 있습니다. 엎드려 부탁드립니다. 이번 설 명절 제수는 단 한 번이라도 농수산물도매시장을 찾아가 구입하고 상인이 다시 일어설 수 있도록 그분들의 아픈 마음을 보듬어 안아주시기를 바랍니다. 우리는 너와 나가 아닌 함께하는 시민입니다.

길이 멀어 오시지 못한다면 올 설날 제수 준비는 편리한 대형마트 말고 전통시장을 이용해 주십시오. 어려울 때 함께 힘을 모으는 게 진정한 시민정신입니다. 거듭 부탁드리건대, 어려울 때 돕고 사는 울산사람 기질 한번 똑 부러지게 보여줍시다. 설 명절, 가족·친지와 행복하게 보내십시오.

재난기본소득
지원 건의

　코로나19 감염병 방역 대응을 국가가 정한 '심각 단계'보다 더 강도 높은 단계로 임한다는 자세로 더는 확산하지 않도록 최선을 다하고 계시는 송철호 시장님, 노옥희 교육감님을 비롯한 공무원 여러분의 수고에 무슨 말로 위로와 감사를 전해야 할지 모르겠습니다.

　정부는 비상시국이라는 진단 아래 그간의 긴급 지원을 넘어 민생 안정과 경제 활력 보강을 위해 철저한 방역 지원, 소상공인 등 피해 계층 지원, 소비 투자 진작에 중점을 두고 정책을 시행하고 있습니다. 이와 관련한 시책을 추진하고자 추경을 심의하고 있습니다. 우리 시는 무엇을 하고 있습니까? 지금 우리는 머뭇거릴 시간이 없습니다. 생활 현장에서 고통받는 서민의 숫자가 날로 늘어나고 있기 때문입니다. 본 의원이 지역구를 돌아다니며 본 서민 생활경제는 충격입니다. 제 손을 잡은 자영업자, 휴·폐업으로 일을 하지 못하는 노동자의 하소연은 제 가슴을 아프게 합니다.

　존경하는 송철호 시장님, 그리고 공무원 여러분. 생활 현장에 한 번 나가 보십시오. 거리가 한산하고 골목길이 을씨년스럽기조차 합니다. 권고에 따라 문을 닫은 공연·문화산업장, 헬스장, 영업이 안 돼 문 닫은 여행사, 식당, 대중목욕탕, 노래방 등등. 그런가 하면 본인의 의사와 상관없이 하릴없이 일을 못 하는 실직자. 학원, 스포츠 강사, 문화예술인, 아르바이트생 등등. 이러한 실정이니 영세한 자영업자들이, 골목 상인들이 어찌 살아남을 수 있겠습니까? 점포마다 휴·폐업이 늘어나는 등 서민경제가 무너져 도탄에 빠져들고 있습니다. 이들이 용기를 잃지 않고 다시 일어설 수 있게 도와야 합니다. 어려울 때 국가가 존재함을 보여야 합니다.

정부의 노력과는 별개로 지방정부의 움직임도 빨라지고 있습니다. 이미 전북은 역대 최대 규모인 4천3백억 원의 코로나19 추경 예산안을 긴급 편성했고, 부산시도 2천억 원대 추경안을 마련하는 등 위기의 지역경제를 살리기 위해 재정을 동원하고 있습니다.

본 의원이 지역구를 다니며 '보고 듣고' 한 몇 가지 사례를 들며 긴급지원을 호소합니다. 신고를 받거나 사실 조사를 해봐야 더 정확하게 알 수 있겠지만 어려움의 실례는 더 많을 것입니다. 먼저 제가 말하는 이것만이 전부가 아니라는 것 분명히 말씀드리며 몇 가지 건의드립니다.

첫째, 긴급 재난 기본소득 지원을 건의합니다. 코로나19로 지금 가장 먼저, 가장 깊게, 가장 늦게까지 고통을 받는 게 바로 서민들입니다. 명칭이야 무엇이든 생계가 어려워진 시민들이 인간으로서 존엄을 지키며 최소한의 생활을 영위할 수 있게 긴급 '재난 기본소득' 지원이 필요합니다. 울산광역시 사회구호 및 피해지원 조례에 따라 일용직 노동자와 아르바이트생, 학원·스포츠 강사, 문화·예술인, 실직자 등에게 긴급'재난 기본소득' 지원을 간곡하게 건의합니다.

둘째, 공공시설의 외래 강사 휴업수당 지급을 건의합니다. 울산시의 시설공단, 문화예술회관, 도서관, 박물관, 그리고 구·군의 문화회관, 주민자치센터 등 공공시설이 휴관하고 있습니다. 이들 기관이 운영하는 프로그램 휴강으로 문화·예술·스포츠 외래 강사들이 가족의 하루 끼니를 걱정하고 있습니다. 휴강으로 수입이 전혀 없다고 합니다. 이분들은 기관의 요구에 따라 개인사업자로 등록되어 근로계약이 성립되지 않아 지원 사각지대에 놓여 있습니다. 어떻게 하면 좋습니까? 우리 시 시설공단이 운영하는 각종 프로그램에 외래 강사로 참여하는 259명도 생계가 막막합니다. 이들 외래 강사의 생계를 위한 휴업수당 지급을 건의합니다.

셋째, 공공시설의 임대료 감면과 임대 기간 연장을 건의합니다. 울산시 산하의 공공시설에서 87개의 매장을 임차하여 식당 등을 운영하는 자영업자들이 있습니다. 대공원, 문수체육공원, 동천체육관, 도서관 등이 휴업하다 보니 이들 자영업자도 휴업 상태입니다. 가끔 토·일요일 영업을 하지만 매출은 급감하여 인건비도 못 건진다고 합니다. 이들 자영업자는 '임대료 감면과 임대 기간' 연장을 요구하고 있습니다. 과감한 임대료 인하뿐 아니라 임대 기간 연장을 건의합니다.

넷째, 선제적이고 과감한 재정 지원이 필요합니다. 코로나19는 개인 문제를 넘어 국가 경제를 어렵게 만드는 재난으로 공포는 공황 상태의 장기화로 이어질 가능성이 있다는 전문가들의 진단이 나옵니다. 그동안 시행하고 있는 '지역경제 활성화 지원 대책' 외에 더 과감한 정책이 필요합니다. 중소기업인과의 간담회, 경영안정자금 1,200억 원 지원, 울산페이 10% 할인 정도로는 부족합니다.

추가 경영안정 자금을 더 공급하되 대출 금리를 더 인하하고, 신용등급이 낮아도 과감하게 대출해주시고, 수출보험보증료 지원, 수입선 다변화 지원, 공공기관 우선 구매 확대 등을 신속하게 시행해 주십시오. 한마디로 울산시 재정으로 할 수 있는 모든 정책 수단을 마련해 과감하고 선제적으로 대응해 주시길 건의합니다.

기쁨은 나누면 배가 되고 슬픔은 나누면 반이 된다는 이야기도 있습니다. 모두가 너무나 어려운 상황, 마음은 갑갑하고 거리는 썰렁해 봄이 오고 있는지 잘 느껴지지 않는 요즘입니다. 울산시의 코로나19 극복을 위한 민생경제 정책이 시민들이 피부로 느낄 수 있는 지원으로 다가오기를 바랍니다.

긴급 '재난기본소득 지원'과 관련하여

지난 3월 19일, 울산시의회 제211회 1차 본회의에서 본 의원이 건의한 긴급 '재난 기본소득 지원' 건의에 대해 적극적으로 검토하겠다고 했습니다. 그리고 일시에 멈춘 산업현장을 되살리고 경기 부양을 위해 공공분야, 공공 건설 분야의 울산형 코로나19 뉴딜사업 추진도 적극적으로 검토하겠다고 했습니다. 시장님의 결단으로 받아들이고 환영합니다. 이번 결단이 울산을 살리는 계기가 될 것으로 확신합니다.

지금은 재난 비상사태입니다. 이것 저것 좌고우면할 시간이 없습니다. 정부 대책을 기다릴 것이 아니라 선제적으로 준비하여 먼저 시행해야 합니다. 시장님께서는 3월 23일 프레스센터에서 기자회견을 열고 "멈춘 자영업자 등 생계지원을 위한 긴급 재난 관련 기금을 마련 중"이라면서, "여타 지자체에서 시행하려고 하는 코로나19 재난 기본소득에 준하는 수준이 되도록 한다는 계획이다."라고 밝혔습니다. 듣던 중 반가운 소식입니다.

이에, 생계지원을 위한 '재난 기본소득과 관련하여 질문드립니다.

첫째, 재난 기본소득인가요? 재난 기본소득은 재난 시에 일시적으로 지급하는 '재난 기본소득'이라는 점에서 일반적인 국민 기본소득의 개념과는 차이가 있습니다. 현재 핀란드에서 월 70만 원씩 지급하고 있는 '국민 기본소득'은 국가가 국민에게 최소한의 인간다운 삶을 누리도록 조건 없이 지급하는 소득을 말합니다. 이 기본소득은 자산 수준과 관계없이 사회 구성원 모두에게 같은 금액의 현금을 지급하는 제도인 데 반해 '재난 기본소득'은 재난이란 특수한 상황에서 제한적으로 지급된다는 점에서 차이가 있습니다. 울산시가 계획하고 있는 게 '재난 기본소득'인지? 아니면, 단순히 취약계층 생계지원인지요?

둘째, 기금의 재원과 예산 규모는? 가용 재원을 찾아 총동원해야 합니다. 예산 규모가 크면 클수록, 빠르면 빠를수록 효과는 배가 될 것이라 확신합니다. 우선 2019년 회계 결산으로 발생한 순 세제 잉여금, 그동안 적립해온 재해구호기금, 상반기에 사용이 불투명한 행사나 축제 등 불요불급한 예산, 기타 정부 지원 보조금 등을 활용해 어느 정도 재원을 마련할 수 있을 것으로 판단됩니다. 이에, 시가 계획하고 있는 재난 기본소득 규모와 집행 시기를 밝혀주시기 바랍니다.

셋째, 대상과 지원 기준은? 지원 대상과 지원 기준을 어떻게 설정할 것인지요? 대상자를 핀셋으로 선별하는 데 드는 행정비 등 여러 상황을 고려하여 보편적 지원을 건의합니다. 지원 대상은 울산시에 주소를 둔, 외국인을 제외한 150만 전 시민으로 하고 1인당 10만 원 이상 지원되길 기대합니다. 그리고 지원금은 체크카드나 울산페이로 지급하되 최대한 올해 말까지 사용할 수 있기를 주문합니다.

다만, 고소득자나 공무원, 정기 급여를 받는 시민들을 대상으로

소득 기부 운동을 전개하여 일반 시민보다 더 취약한 문화·예술·체육 강사, 학원 강사, 그리고 사각지대에 놓여 있는 특수형태 고용종사자, 장기 실업자, 저소득층 노동자, 취약업종 종사자, 휴업 자영업자들에게 좀 더 지원되었으면 합니다.

넷째, 울산 뉴딜사업 계획은 무엇인지? 코로나 사태의 직격탄을 맞은 지역경제는 공황 수준에 버금갈 정도로 현재 영세한 중소기업은 어려움을 겪고 있습니다. 이제 전시에 준하는 특단의 지역경제 대책이 필요합니다. 다행히 울산시가 침체한 경기부양을 위해 울산 뉴딜사업을 준비 중이라니 큰 기대를 합니다. 하지만 재난 기본소득 재원 마련도 쉽지 않을 것인데 재원은 무엇으로 충당할 계획인지요? 울산시가 계획하고 있는 울산 뉴딜사업 대강의 계획을 예산 포함하여 밝혀주시기를 바랍니다.

끝으로, 시장님의 수고가 헛되지 않도록 빈틈없는 시행 준비를 해주시기를 바랍니다. 시장님의 빛나는 리더십으로 코로나19 사태를 극복하고 시민과 함께 일어설 수 있기를 간절히 바라면서 질문을 마칩니다.

◆

나눔은 뺄셈이 아닌
덧셈의 미학

이제 촛불 광장에서 눈을 돌려 우리 이웃을 한번 바라보자. 크리스마스의 계절이다. 사랑과 희생의 성탄을 축하하는 이때면 거리 곳곳에 딸랑딸랑 구세군 자선냄비 종소리가 울리고, 가게에서는 캐럴이 흘러나오며, 사람들은 빨간 열매 브로치와 크리스마스 실을 사는 등 모금 운동에 동참한다. 언론에서도 '연말 불우한 이웃에게 온정'이라는 특집 뉴스로 지면을 가득 채우고, 불우이웃돕기 운동을 전한다.

안타깝게도 올해는 촛불 시국에 묻혀 가난한 이웃을 배려하며 모두가 즐거운 휴일이 돼야 하는 '크리스마스 정신'이 실종되었다. 주변을 둘러봐도 기껏 몇몇 단체에서 하는 사랑의 쌀 나누기 소식뿐인 것 같아 안타깝다. 사회복지 단체들은 이구동성으로 경제가 어렵다 보니 몇 년째 기부 금품이 줄어들고 있다고 한다. 더욱이 올해는 촛불 시국으로 시민의 관심 밖으로 밀려나 불우이웃돕기 모금 실적이 미미한 것으로 알려졌다. 내가 자주 자원봉사를 가는 울산양육원의 사회복지사 한 분도 예년과 달리 기부가 크게 줄었다며 울상을 짓는다. 후원금이 줄면 수용된 아이들의 학습이나 예·체능 활동이 많이 위축된다고 한다. 이렇듯 어지러운 사회 이슈가 넘칠 때 사랑의 온정도 식어 소외된 이웃의 고통은 더 커진다.

　요즘 다들 어렵다고 푸념하지만, 주위에는 우리보다 형편이 더 어려운 수많은 이웃이 함께 살아가고 있다. 울산에만도 기초생활보장 수급자 1만3천863가구 1만9천336명, 저소득가정 7천25세대 1만1천880명, 등록장애인 4만9천849명, 도움을 기다리는 사회복지시설 119개소 등이 있다.

　이들의 어려움을 한 번 이야기해 볼까? 예로부터 가난한 사람이 겨울나기가 무섭다고 했다. 거동이 불편함에도 옛 터전을 버리지 못하고 돌보는 가족 없이 홀로 사는 독거노인, 집안에서도 입김이 나고 온기가 전혀 없는 방에 혼자 쓸쓸하게 생존을 영위하고 있는 어르신들이 있는가 하면, 도시 재개발에 밀려 산골 오지와도 같은 변두리 단칸방에 단열도 되지 않고, 따뜻한 물도 나오지 않아 추위에 떨고 있는 모자 세대가 있다. 그런가 하면 겨울만 되면 꽁꽁 언 몸보다 더 차가운 물로 씻어야 해 동생이 감기에 걸릴까 매번 걱정하는 소년소녀가장, 발달장애로 의사소통도 어려운데, 몇 년 전 아빠가 병으로 죽고 엄마마저 집을 나가 할머니와 외롭게 사는 장애아, 하루하루 일용근로자로 근근이 살아가고 있는 실직한 가장, 복지시설에 수용된 어린이, 도시가스며 온풍기 버튼 하나로 온 집안이 따뜻해지는 요즘 같은 세상에도 연탄 한 장 마음 놓고 때 본 적 없는, 추운 겨울나기 연료비 걱정에 한숨을 쉬는 이웃도 있다.

　사연을 다 일일이 말할 수 없는 수많은 이웃이 우리의 작은 사랑을 기다리고 있다. 이들의 생활을 지원하기 위해 울산시만 해도 예산 27.1%를 복지비로 사용하고 있다. 그래도 충분한 지원은 되지 않고 있다. 나눔은 사랑의 시작이다. 소박한 친절이 넘쳐나는 사랑은 아무나 할 수 있다. 예쁜 마음 따뜻한 마음을 열어 가진 것 중 아주 작은 사랑을 이웃에게 채워 준다면 그것이 바로 사랑이다. 남을 돕는 마음은 언제나 신나는 일. 작은 물방울이 모여 큰 강물을 이루듯 작은 사랑의 실천 하나가 아름다운 기적을 만든다. 조금 힘들더라도 어릴 적 흰 눈의 거부할 수 없는 맑음을 기억하며 정이 넘쳐나는 따뜻한 공동체를 위해 조금, 아주 조금만이라도 주머니 속의 사랑을 꺼내 보자. 나눔은 나눌수록 커진다. 나눔은 뺄셈이 아니라 덧셈의 미학이다. 어려운 때일수록 더 열심히 일하고, 더 열심히 사랑하며 살아가자.

◆

사랑과 생명의
나눔 '장기기증'

나로 인해 새 삶을 사는 사람이 있다면, 누군가에게 생명을 선물해 줄 수 있다면 얼마나 행복한 일일까? 그런 행복한 선물을 할 수 있다. 세상에서 가장 아름다운 선물, '장기기증'이다. 장기기증(Organ Donation)이란 건강한 삶을 살다가 이 세상을 떠날 때 나에게 더는 필요 없는 장기를 기증하거나 살아있을 때 사랑하는 가족이나 말기 장기부전 환자에게 소중한 장기를 대가 없이 기증하는 행위를 말한다.

기증은 여러 가지 방법으로 이루어진다. '사후 기증'은 임종 후 각막을 사후 6시간 이내에 이식하는 것을 말한다. '뇌사 기증'은 뇌의 모든 기능이 마비되어 생명을 회복할 수 없으며 인공호흡기에 의해 생명을 유지하고 있는 상태에서 심장, 간, 폐, 췌장, 각막, 신장을 이식하는 것으로 최대 9명에게 새로운 생명을 줄 수 있다. 또 하나의 방법은 생전에 자신의 장기 중 일부를 제공하는 것으로, 이는 주로 가족 간에 많이 이루어진다. 그 외 장기와는 별도로 뼈, 근육, 피부, 시신과 같은 것은 본인의 의사에 따라 자유롭게 기증할 수 있다.

나는 삶과 죽음은 부자나 가난한 자 누구나 겪는 일이므로 살아

있을 때 열심히 살고 떠날 때 뒤돌아보며 후회하지 않을 삶을 살자고 다짐하며 그렇게 살아왔다. 다만 한 가지 마음속으로라도, 이웃을 되돌아보는 삶을 살기를 바라면서…. 지난 2011년 5월 울산 동천체육관에서 건강박람회가 열렸을 때 사랑의 장기기증운동부가 전개하던 'one save nine' 캠페인이 생각난다. 한 명의 생명이 아홉 명에게 희망과 생명을 나눠 줄 수 있다는 이 '사랑의 장기 나눔' 캠페인을 접하고 나는 후회하지 않을 삶의 기회를 얻었다는 생각이 들었다. '죽으면 어차피 땅속에서 썩어 없어질 텐데'라는 생각에 꺼져가는 생명을 살리는 가장 고귀하고 아름다운 사랑 나눔 운동에 동참하기로 했다. 장기기증을 하겠다고 약속하는 순간, 내 장기를 이식받을 다른 사람을 위해서라도 내 몸을 소중히 관리해야겠다고 마음을 먹었다. 지금 와서 생각해보니 장기기증을 약속한 게 오히려 나 자신에게 아주 큰 도움이 되는 것 같다. 안전과 건강에 더욱더 조심하게 됐으니 말이다.

장기기증은 1954년 미국에서 일란성쌍둥이 사이의 신장 이식으로, 1963년에는 간 이식 수술의 성공으로 나타났다. 이어 1966년에는 췌장 이식, 1967년에는 남아프리카공화국의 심장 이식이 성공적으로 이루어져 의학 기술의 전환을 맞이했다. 1983년에 이르러서는 미국에서 폐 이식이 성공했다. 우리나라는 1969년 신장 이식이 최초로 성공한 데 이어 1988년에는 뇌사자의 간을 적출해서 시도한 간 이식이 성공을 거두면서 뇌사에 대한 의료계와 사회적인 관심을 불러일으켰다. 이후 뇌사자의 장기를 이용한 장기 이식이 더욱더 활발히 이루어지면서 1992년에는 심장 이식, 췌장 이식, 신·췌장 이식이 성공을 거두게 된다.

뇌사자에 대한 장기 이식이 성공을 거두면서 의료계, 법조계 및 종교계에서는 뇌사를 사망으로 인정하자는 당위론에 대한 논의가 활발하게 진행되었다. 1983년에는 대한의학협회에서 뇌사에 관한 선언을 선포하기에 이르렀고, 1990년대 초에는 장기 이식에 대한 수요가 증가하지만, 장기 공급이 현저히 부족해 장기 수급의 불균형이 초래되면서 불법 장기 매매가 성행하는 사회적 문제가 발생하게 되었다. 이에 따라, 정부는 뇌사를 법적으로 인정함으로써 뇌사자의 장기 적출을 합법화하고 장기 이식을 공정하고 효율적으로 관리하는 한편, 불법적인 장기 매매 행위를 근절하고자 1999년 2월 8일 「장기 등 이식에 관한 법률」을 제정해 2000년 2월 9일부터 시행하고 있다.

최근 장기기증에 관한 관심이 높아졌지만, 여전히 많은 환자가 장기기증을 기다리고 있다. 애타게 장기 이식을 기다리는 환자는 연간 1만7천여 명이나 된다. 그 중 장기기증을 받지 못해 죽어가는 환자가 한 해에 800명이 넘는다고 한다. 삶의 끝자락에 매달린 1만 7천여 명의 절망을 희망으로 바꾸는, 희망의 씨앗인 생명 나눔 운동에 많은 사람이 함께하게 되길 기대한다.

◆

작은 씨앗의
아름다움

작은 씨앗에 아름다움이 있습니다. 이 세상에서 지극히 작은 물체로 가장 아름다운 것이 꽃씨입니다. 바람에 홀씨가 되어 바위틈에 박히지만, 그 몸속에 아름다움이 있고, 예술이 있고, 색깔이 되어 꽃으로 피어나니 애모의 기쁨이 있고, 슬픔과 화려함도 있는 듯합니다. 큰 것보다 작은 것이 더 아름다울 수 있습니다. 송 시장님, 작은 씨앗을 가꿔 온 풀밭을 꽃으로 활짝 피워보시지 않으렵니까?

지난 7월 28일, 제215회 임시회 2차 본회의 때 제가 2021년 예산 편성과 관련하여 정책을 건의드린 적이 있습니다. 기억하시는지요?

그때, "우리 아이들의 학교 화장실 개선 지원, 청년정책에 더 많은 예산배정, 문화예술인들의 생존 지원, 출산과 육아 정책에 더 많은 관심과 예산배정, 생활 주변 불편을 해소해 주십시오." 하고 건의드린 바 있습니다.

오늘 이 자리에 나선 건, 제가 건의했는데 왜? 무엇 때문에? 예산에 반영하지 않으셨는지 따지러 나온 게 아닙니다. 시민들 삶의 향상을 위해, 정치적인 미래를 위해, '작은 씨앗'이 될 수 있는, 시민들의 일상적인 삶 속의 '생활 불편'을 다시 한번 말씀드리고자 나왔습니다. 혹여 예산의 여력이 조금이라도 있다면 추경 때라도 검토하여 주시기를 건의드립니다.

먼저, 어린이의 안전을 위해 '어린이보호구역 내 교통안전 시설'을 빠른 시일 내에 완료하여 주십시오. '민식이'법에 따라, 정부는 2022년까지 '아름다운 미래, 어린이가 안전한 나라로 만든다'며 '어린이 보호구역 내 사망사고 예방'을 위한 사업들을 차질 없이 추진해 나가겠다고 약속했습니다. 우리 시도 2022년 안에 끝내겠다고 발표한 적이 있습니다.

하지만, 구청에서는 그 무엇보다 우선 사업으로 추진하고 있으나 예산 부족으로 계획된 사업을 2022년 안에 끝낼 수 없습니다. 이는 남구청뿐만 아니라 다른 구·군도 사정은 비슷할 것이라 봅니다. 진행이 더딥니다. 어린이가 안전한 도시, 울산! 우리 손으로 지금 만들어야 합니다. 구·군과의 협력을 통해 이른 시일 내에 계획된 이 사업을 완료할 수 있도록 예산을 지원해 주십시오.

다음으로 마을 골목길의 주차난을 해소해 주십시오. 도심 밖 대규모 아파트 지역은 주차 문제가 심각하지 않지만 70, 80년대 개발된 주택지의 동네 골목 주차 문제는 심각합니다. 밤마다 마을 골목길 양편에 주차된 차로 인해 주차하지 못하는 경우가 비일비재합니다.

우선 지난번에도 말씀드렸지만 제대로 안 되는 공공기관이나 단체 등의 주차장 개방 운동을 활성화해주시고, 단숨에 끝나지 않는 사업이지만 주택가와 가까운 학교 대지나 근린공원의 지하를 개발해 공용주차장으로 사용할 수 있도록해 주십시오. 이 사업은 교육청이나 구·군, 그리고 기관 단체 등과 협약을 맺고, 5개년이나 10개년 사업으로 계획해 진행해 주십시오. 이 사업의 첫 시작은 송철호 시장님께서 꼭 해주기를 부탁드립니다.

끝으로 문화예술인과 스포츠 종사자, 실직 노동자의 생존을 보듬어 주십시오. 코로나19로 어려움을 겪지 않는 사람은 없을 것입니다. 이중 문화예술인과 체육인, 일일 노동자들은 일할 곳을 잃어버렸습니다. 공연과 전시장은 문을 닫았고, 그동안 기관과 단체가 시행했던 문화강좌나 체육 교실은 아예 폐쇄되었습니다. 창작활동 지원예산은 푼돈에 지나지 않습니다. 예산을 아끼고 아껴, 어려운 이들의 '재난지원금'으로 화끈하게 지원해 주십시오.

내 인생에서 지워버리고 싶은 한 해였지만, 하루도 쉬지 않고 코로나19와 대응해온 시장님과 공무원 여러분들의 노고에 고개 숙여 깊이 감사드립니다.

의결된 2021년의 예산이 시민의 행복, 희망의 작은 씨앗이 될 수 있도록 신속한 집행을 부탁드리며 5분 발언을 마칩니다.

초등학교 돌봄 교실
운영에 대한 건의

시사상식 사전(박문각)을 보면 초등학교 돌봄 교실은 '학교 내에 마련된 별도 교실에서 각 시도교육청 또는 학교에서 채용한 돌봄 전담사가 방과 후부터 아이를 돌봐주는 제도를 말한다. 저소득층과 맞벌이 가정의 자녀를 위해 방과 후 학교에 마련된 돌봄 교실에서 학생들을 돌봐주는 시스템이다. 방과 후 마련된 별도 교실에서 오후 5시까지, 또는 밤 10시까지 실시되고 있다. 이는 학교의 보육과 교육 기능을 확대하여 소외계층이나 보호해야 하는 학생에게 서비스를 제공하기 위한 제도이다. 돌봄 교실에서는 정규수업 이외의 시간을 가정과 같은 환경에서 편하고 안전하게 보낼 수 있도록 하고, 맞춤식 과제 지도 및 특기 적성 시간 운영으로 학생의 소질과 재능을 계발하도록 하고 있다.'라고 서술하고 있습니다.

한마디로 초등학교 돌봄 교실은 이른 아침부터 밤늦은 시간까지 일해야 하는 저소득층 및 맞벌이 가정의 학부모가 어린아이 걱정 없이 일할 수 있도록 지원하는 제도로, 원하는 학부모 누구나 쉽게 이용할 수 있는 안전하고 질 높은 돌봄 프로그램을 제공해야 합니다.

세 가지 질문을 겸해 건의드립니다.

더 나은 울산 새벽을 연다

첫째, 방학 기간 중식 제공입니다. 전국 대부분 시도에서 방학 기간 돌봄 교실에도 중식을 공개입찰이나 수의계약을 통해 제공합니다. 서울, 경기, 충청, 대전, 전남, 광주 등은 방학 기간 돌봄 교실에도 중식을 제공하고 있습니다. 하지만 울산은 방학 기간에는 학부모가 도시락을 싸서 학교 돌봄 교실에 보내야 하는 현실입니다. 맞벌이를 나가는 부모로선 방학 기간에 도시락 준비는 여간 어려운 게 아닙니다. 무상급식을 시행하고 있지만 방학 기간에 돌봄 교실에 드는 중식비용은 학부모가 부담하더라도 학교가 제공하여 주실 것을 건의드리며, 이에 대한 답변 부탁드립니다. 학교장과 학교운영위원회가 좀 더 적극적으로 나서야 하겠지만 이 문제를 학교 문제로 맡겨두시지 말고 교육감이 직접 나서 해결해 주십시오.

둘째, 다양한 프로그램 보급 관련입니다. 돌봄 교실은 학교별로 운영되고 있는 것으로 알고 있습니다. 교육청이 지원하는 프로그램도 있는 것으로 아는데, 그 프로그램이 옥동지역 학교에는 지원되지 않고 있다고 알려졌습니다. 교육청에서 지원하는 프로그램이 무엇인지요? 지원 프로그램이 있다면 학부모들이 옥동지역 학교에는 왜 지원하지 않고 있다고 하는지요? 학부모들은 옥동은 교육청으로부터 차별받고 있다고 여깁니다. 이에 대한 답변 부탁드립니다.

셋째, 돌봄 교실에서 부진 영역별 기초학습 진행입니다. 학생이 정규수업을 마치고 갈 곳이 없어 머무는 공간이 아니라 학습과 놀이, 그리고 휴식이 어우러질 수 있는 돌봄 교실이 되어야 합니다. '돌봄(Care)+교육(Edu)'의 균형 있는 활동을 통해 학부모가 만족해야 하며, 여기에는 돌봄 교사의 창의적인 노력이 필요합니다. 창의적인 교수법과 다양한 학습 자료, 교구를 통한 질 높은 교육이 실현돼야 합니다. 돌봄 교실에서는 학원에 가지 않고도 영어, 국어, 수학 등 기초학업 능력 향상을 위한 활동이 필요합니다. 예를 들어 교재를 통한 맞춤별 영어 능력 향상, 수준별 국어사전 구매 및 학생들 활용 지도, 부진 영역별 수학지도, 악기 수업 등이 이루어져야 할 것입니다. 이를 위한 프로그램 개발과 보급을 건의하며, 이에 대해 답변하여 주시기 바랍니다.

◆

인구가
울산의 미래

　인구가 울산의 미래입니다. '지역 출생아 수 1만 명 밑돌고 청년
층 순유출 심화, 국립대 신설하고 고용환경 개선해야', '15세 미만
34% 감소, 청소년 수 전국 최다', '32개월째 '탈울산'…', '울산 청년
인구 유출 심화, 산업공동화 우려', '인구감소 가속화, 울산 인구감
소 청년층이 주도'. 최근 울산의 인구감소 우려에 대한 지역 언론
의 머리기사 제목입니다. 울산의 인구는 33개월째 탈울산으로 이
어지고 있습니다.

　2015년 11월 말 120만 명을 정점으로 이후 울산 인구는 33개월
째 지속해서 줄어 2018년 9월 말 현재 117만7,308명에 불과합니
다. 이런 추세대로라면 수년 내 100만 명 이하로 급전직하될 것으
로 생각됩니다.

　인구감소 원인이야 여러 가지겠지만, 지금은 조선 산업의 붕괴로
인한 고용 쇼크가 지역의 도소매·음식 숙박 등 서비스업과 건설업
산업 전반으로 확산하고 있기 때문일 것입니다. 이어서 사회적 환
경인 주택과 교육, 주거환경 문제도 한몫 거들고 있는 것으로 분석
됩니다. 한마디로 일자리가 사라지는 숫자만큼 인구가 유출되고
있다고 유추할 수 있습니다.

하지만, 뭐니 뭐니 해도 인구감소의 가장 큰 원인은 저출산입니다. 최근 3년 간의 출산율을 보면 확연하게 알 수 있습니다. 출산율이 2015년도 1.486, 2016년 1.418, 2017년 1.261로 지속해서 떨어지고 있습니다. 이러니 지난해 출생아가 고작 9천400명으로 최악입니다.

울산시는 2015년 11월 인구가 정점을 이룬 이후부터 저출산 및 지역경제 침체로 인한 인구 유출로 울산 인구가 급격하게 감소함에 따라 그 대응 방안으로 인구청년정책담당을 신설하고 '울산 인구증가대책'을 마련해 추진하고 있습니다.

이 대책은 2030년까지 150만 명을 목표로 '사람이 모이는 도시, 희망을 키우는 도시'라는 슬로건을 내걸고 5대 추진전략, 20개 과제를 수립하여 추진하고 있는 걸로 알고 있습니다. 20개 추진과제 중 우선 과제가 9개, 중기과제가 14개로 구성되어 있습니다.

최근 인구감소에 대한 보도를 접하고 울산시가 마련해 의욕적으로 추진하고 있는'울산 인구증가대책'에 대해 시장님께 몇 가지 질문드리겠습니다.

첫째, 해마다 '인구증가 대책'을 위해 쓰고 있는 예산과 올해까지 쓴 예산 규모, 그리고 지금까지 9개 우선 과제의 추진 결과를 중심으로 한 '울산 인구증가대책'에 대한 평가를 말씀해주시기 바랍니다.

둘째, 젊은 인구 유출의 가장 큰 원인 중 하나가 대학 진학과 주택 문제입니다. 중기과제로 분류해 시행하지 않고 있는 유망대학 유치와 '젊은층 및 신혼부부 주거 안정 특별지원'을 과감하게 추진할 것을 주문합니다.

이에, 인구 유출과 유입 흡인력이 큰 대학이 지역에 소재한다면

더 나은 울산 새벽을 연다

유출 억제에 상당한 효과가 있을 뿐 아니라 지역 서비스산업에도 새로운 활로가 될 것입니다. 그러므로 대학은 꼭 필요합니다. 유망 대학 유치가 어렵다면 시립대학이라도 설립을 건의하면서 대학정책을 갖고 계시는지 밝혀주시기를 바랍니다.

또 '젊은층 신혼부부 주거 안정'을 위해 값싸고 품격 있는 주택공급을 늘려야 합니다. 그 주택도 젊은 부부들이 선호하는 지역에 공급되어야 합니다. 앞으로 이전하는 옥동 군부대 부지도 하나의 대안이라 생각합니다. 옥동 군부대 부지 활용을 건의하면서 보금 자리 주택 건립 계획이 있는지요?

셋째, 다자녀 중 '셋째 자녀 대학 학자금 전액 지원' 정책을 제안합니다. 출산을 피하는 원인 중 하나가 대학 학자금이라고 합니다.

이 정책만으로 출산율을 획기적으로 높일 수 없지만, 유인 정책으로 효과가 있다고 전문가들은 말합니다. 2017년 3자녀 출생자 수는 814명이었습니다. 울산에서 태어나 고등학교 때까지 울산에서 자란 자녀에게 전액 대학 학비 지원을 한다고 해도 연간 80억 원 정도면 될 것으로 판단됩니다. 셋째 자녀 대학 학자금 전액 지원을 제안합니다. 인구가 미래입니다.

울산시의 출산 정책
상황에 대한 질문

    2020년 1월 30일 시민 홀에서 '아이 낳고 키우기 좋은 행복한 울산을 위한 울산시와 구·군, 공공기관 업무 협약식'을 가진 걸 보았다. 이날 협약 취지는 '저출산 극복에 대한 분위기를 확산'하기 위한 것이다. 저출산 극복에 앞장서는 울산시의 다양한 시도는 매우 고무적이다.

    우리나라 출생아 수가 1971년 102만 명에서 지난해 32만 명대로 급감했다. 지난 2019년 9월 28일 통계청이 발표한 '2018년 출산통계'에 의하면, 합계 출산율은 0.98명으로 세계에서 유일하게 영점대를 기록하고 있다. 사실상 '0'명 시대로 접어들었다. 평생 낳는 자녀의 수가 1명이 안 된다.

    그리고 11월 27일(수) '2019년 9월 인구 동향'에 따르면 7월부터 9월까지 전국 출생아 수는 7만3천793명으로 2018년보다 6천687명이 줄어들었다고 한다. 이번 조사는 1981년 통계 집계를 시작한 이래 최소 기록이라고 한다.

    반면에 9월 사망자 수는 2만3,563명으로 작년 같은 달 대비 657명(2.9%)이 증가해 출생아 수에서 사망자 수를 뺀 인구 자연 증가분은 전년보다 2,600명 감소한 고작 560명에 그쳤다. 이 또한 1983

년 관련 통계를 작성한 이래 9월 기준으로 역대 최소치로 인구 자연증가율은 0.1%에 불과하다. 이 상태로 몇 년이 더 지나가면 마이너스 증가율을 기록할 것이다.

이처럼 경제협력개발기구(OECD) 국가 중 평균 출생아 수가 1명 아래로 떨어진 나라는 한국이 유일하다.

그러면 울산의 현실은 어떤가? 울산의 출산율도 별반 다르지 않다. 출산율이 2015년도 1.486, 2016년 1.418, 2017년 1.261, 2018년 1.13명으로 지속해서 떨어지고 있다. 합계 출산율은 1.13명으로 다섯 번째 높은 것으로 나타났지만 출생아 수 감소율은 -13.1%로 대전(-14.0%)에 이어 전국에서 두 번째로 높다. 이러니 지난해 출생아가 고작 9천400명으로 최악이다.

울산시는 '출산 감소 및 인구 유출에 대응'하기 위해 '울산 인구 증가대책'을 마련해 추진하고 있다. 울산시는 인구 증가를 2030년까지 150만 명을 목표로 의욕적으로 추진하고 있다. 그런데도 출산율 감소도 인구 유출도 멈추지 않고 있다.

언젠가 본 보고서에서 '데이비드 콜먼'이라는 옥스퍼드대 인구문제 연구소장은 인구문제 때문에 최초로 소멸하는 나라 1위로 한국을 꼽았다. 이 예측이 점점 맞는 것 같아 안타깝다. 인구학자들은 이구동성으로 저출산으로 ▲노인을 부양할 인구가 감소한다는 점과 ▲미래사회 경제활동인구인 노동력이 감소하고 ▲인구감소로 인한 국방력의 약화로 국가 존립을 위태롭게 해 결국 국가적 대재앙이 될 것이라 지적하고 있다.

그리고 정부는 그동안 난임 치료, 남성 육아휴직 수당, 세 자녀 출산 인센티브, 등 '쇼윈도우'식 저출산 관련 정책들만 쏟아내다 보니 문제의 근본 원인인 고용 불안, 주거비·교육비 부담에 대한 근본적인 해결책은 없고 지엽적인 문제에만 매달린다는 비판을 받고 있다.

질문드립니다.

첫째, 출산·육아, 교육예산은 늘려나가야 할 텐데 2020년 출산장려지원의 사회복지/보육·가족이나 여성 예산이 전년보다 1억 7,665만 원 줄어들었는데 그 사유가 무엇입니까? 그리고 인구 출산업무 조정이 이뤄진 것인지 복지인구정책과에 출산장려지원(보건/보건의료) 예산이 편성된 사유가 무엇입니까?

둘째, 울산시가 마련해 추진하고 있는 '울산 인구증가대책' 추진을 위해 쓴 예산을 단위 사업별로 나눠 정리해 주시고, 대책의 각 단위 사업에 대해 평가했을 것이라 보는데, 그래서 그 사업의 평가 결과와 부진 사업을 대체한 사업이 있다면 일목요연하게 정리해 주시기 바랍니다.

셋째, 출산율을 높이려면 출산과 보육·교육을 개인이나 국가에만 맡겨두기에는 부담도 클 뿐만 아니라 효과도 낮습니다. 지역의 공동체를 발달시키고 청년 세대들이 적극적으로 스스로 나설 수 있도록 출산에 대한 인식을 바꿔야 합니다. 출산 정책을 시정의 최우선으로 해 더욱 과감한 출산 정책을 펼쳐야 합니다. 이와 관련하여 정부 정책이 아닌 울산시의 출산 정책이 있습니까? 출산 정책이 있다면 그 사업과 예산 현황을 알려주시기 바랍니다.

넷째, 출산·육아, 보육업무가 이리저리 분산되어 있습니다. 한곳으로 모아 집중적으로 추진할 필요가 있습니다. 저소득층과 보훈 가족을 돌보는 사회복지업무도 중요합니다. 그래서 복지 여성 건강국 업무 전반을 조직 진단하여 업무 조정하고, 조직 신설이나 공무원 증원 없이 인구와 출산업무만 전담하는 과가 필요하다고 생각합니다. 이에 대한 시의 의견은 어떤지요?

저출산 문제 해결은 가장 중요하고 시급한 과제입니다. 지금 해결해 나가지 않으면 곧 일반 시로 내려앉을 공산이 큽니다. 다 같이 지혜를 모아야 할 때입니다. 시장님의 탁견을 기대합니다.

4장

문화와 체육이 희망이고 경쟁력

◆

대왕암공원 해상케이블카
사업추진에 대한 질문

'대왕암공원 해상케이블카 사업을 본격화한다'는 울산시의 발표에 이어 '현대건설과 대명리조트가 동구 대왕암공원 일대 해상케이블카 설치 사업에 대한 투자 의향을 보임에 따라 타당성 검토와 사업자 선정 방식 등을 종합 검토하고 있다'라는 언론 보도를 읽었습니다.

지난해부터 대왕암공원 해상케이블카 사업에 대한 설왕설래가 있었지만, 본 의원은 한 번도 제대로 보고를 받거나 자료를 받은 적이 없습니다. 언론 보도를 통해 이런 중요한 사업의 추진을 알게 되어 솔직히 당혹스럽습니다. 심히 부끄럽고, 유감이라 말씀드립니다.

'두 기업이 제안한 해상케이블카는 대왕암공원과 일산해수욕장을 연결하는 노선으로, 상부 정류장은 울기등대 주변이고 하부 정류장은 현대중공업 인근에 있는 일산해수욕장 일원 고늘지구. 총 길이는 1.5㎞, 사업비는 500억 원 규모'로 보도되었습니다.

본의원은 해상관광자원의 관광 상품화로 침체한 지역경제에 활력을 불어넣는 데 동의합니다. 대왕암공원 일원은 문무왕비의 전설이 어린 대왕암과 주변의 기암괴석, 울기등대의 울창한 송림, 일산해수욕장, 소리체험관, 어린이테마파크, 미르놀이터 등 각종 관광 체험시설이 있어 연간 140만 명 이상의 관광객이 찾고 있습니다. 보석 같은 관광자원을 잘 가꾸어 관광자원으로 활용해 시민뿐 아니라 수백만 명의 관광객을 끌어들여야 합니다. 이를 위해서는 해상케이블카도 필요하겠지요.

여기서 몇 가지 질문드립니다.

첫째, 사업추진 개요와 앞으로 일정별로 구체적인 추진계획을 밝혀주시기를 바랍니다. 그리고 사업자가 이행해야 할 각종 행정절차에 대해서도 밝혀주십시오.

둘째, 앞으로 이 사업과 관련해 시민사회의 논란이 예상됩니다. 사업의 당위성이나 시급성에 대해서도 동의하지만, 솔직히 제대로 잘하지 않으면 시민 혈세가 낭비되지 않을까 하는 노파심도 지울 수 없습니다. 보도를 살펴보면 이 사업에 대한 타당성을 조사한 적이 없는 것으로 보이는데 환경영향평가는 했는지? 그 결과를 밝혀주시기 바랍니다. 민간사업자가 사업을 한다고 하지만 경제성이 있어야 사업이 지속될 것인데 이를 조사했는지요? 조사했다면 경제성에 대해 소상히 밝혀주시기를 바랍니다.

셋째, 보도로는 알려진 사업 희망자 외에 또 다른 1개 대기업도 해상케이블카 사업 참여 의사를 밝혔다고 하는데 어느 기업인가요?

넷째, 지난해 환경부가 환경영향평가 본안협의에서 '부동의' 결정을 해 현재 사업이 중단된 영남알프스 행복 케이블카 사업에 대해서도 논란의 여지가 없게 명확한 입장도 밝혀주시기를 바랍니다.

◆

대공원의 축제나 문화행사
분산 개최 유도

오늘 저는 울산대공원에서 펼쳐지고 있는 축제와 문화행사의 지역경제 활성화 제고에 대해 말씀드리고자 합니다.

지역의 축제나 문화행사의 파급효과는 아주 크다고 알려져 있습니다.

첫째, 근본적인 목적은 주민들의 문화에 대한 수요를 충족시켜주고, 지역사회의 동질성을 확인하며, 공동체 의식 제고에 있습니다.

둘째, 지역의 이미지 강화, 즉 성공적인 축제나 문화행사는 지역을 방문하는 관광객이나 언론에 지역 이미지를 고양하는 효과적인 광고가 될 수 있습니다.

셋째, 올림픽 같은 대형행사를 유치함으로써 얻을 수 있는 효과 중 가장 대표적인 것은 그 행사가 끝난 후에도 그 지역 주민들이 사용할 수 있는 생활 기반시설의 확충으로 지역의 발전적 변화를 촉진할 수 있습니다.

넷째, 예술가들의 활동 거점 형성 효과, 특히 지역의 예술적 특성에 맞춘 축제나 문화행사는 지역 고유의 전통 속에 예술가들을 집중시키는 효과를 일으킨다고 합니다.

다섯째, 지역경제 활성화 효과입니다. 사실 지방자치단체가 앞다

더 나은 울산 새벽을 연다

뤄 축제나 문화행사를 하는 이유는 축제나 문화행사는 경제학적으로 지역경제 활성화에 크게 이바지한다고 합니다. 유명 축제나 문화행사에서 방문객이 지출하는 경제효과는 엄청나다고 연구기관마다 평가하고 있습니다. 함평 나비축제나 화천 산천어 축제, 보령 머드 축제 등은 공무원과 군민이 한마음이 되어 1년을 착실하게 준비하여 개최하고, 그 효과로 1년을 먹고산다고 알려져 있습니다.

저는 지난 10월 26일부터 27일까지 대공원 남문 SK광장에서 펼쳐진 제7회 '평생학습 교육박람회'를 살펴보며 관람객, 행사참여자와 '축제나 행사의 발전방안'에 대해 대화를 나누며 모니터링을 했습니다. 행사참여자나 행사를 관람하고 체험하기 위해 오신 관람객 대부분이 '좋았다'라는 평가를 하였습니다.

전년도 1억5천만 원의 예산에서 올해는 1억 원으로 예산이 줄어들었는데도 치밀하게 준비하여 관람객의 호응 속에 성황리에 끝난 걸 보며 저도 '좋음'이라고 평가합니다. 이 자리를 빌려 행사를 기획하고 준비한 '울산 인재 평생교육진흥원' 관계자의 수고에 칭찬과 고맙다는 감사의 인사를 드립니다.

다만, 한 가지 아쉬운 점은 장소입니다. 아시겠지만 대공원 남문 SK광장 주변은 상권과 동떨어진 외딴 섬과 같은 곳이라 관람객이 밥은 고사하고 차 한잔 사 마실 수 없는 곳입니다. 평생학습 교육박람회 관람객 대부분은 어린아이를 동반한 가족 단위이거나 연인들입니다. 이분들은 호주머니에 든 돈을 꺼내 쓰려고 나들이 나온 것인데, 아쉽게도 이들의 욕구를 채워 줄 주변 여건이 조성되어 있지 않은 것입니다.

평생학습 교육박람회를 해마다 각 구·군 지역에서 관람객이 가장 많이 찾을 수 있는 곳에서 번갈아 개최하거나 아니면 대공원 정문 광장이나 동문 광장으로 옮겨 개최하여 주실 것을 건의하니 검토하여 주시기 바랍니다. 저의 소견이지만 구·군에서 번갈아 하는 것이라면, 남구의 경우는 차 없는 거리인 '왕생이길', 중구는 '문화의 거리', 동구는 '대왕암공원 주변' 등지에서 개최하면 지역 구민의 참여도 높이고 관람객 반응도 괜찮을 것이라 봅니다.

대공원의 SK광장과 동문 광장, 정문 광장에 대한 최근 5년의 이용 현황을 살펴봤습니다. 동문 광장이나 정문 광장 주변은 관람객이 다양한 먹거리를 즐길 수 있는 시설이 조성돼 있습니다. 올해는 균형을 이뤘지만, 지난 2015년부터 2018년까지의 이용 실태를 보면 일방적으로 SK광장이 압도적으로 많았습니다. 그 기간 SK 광장의 경우는 총 114회이나 동문 광장은 89회, 정문 광장은 23회에 불과합니다.

지난해 제가 업무보고회나 행정사무 감사 때마다 지역 상권 살리기 차원에서 동문 광장과 정문 광장으로 분산 개최를 유도하라고 시정을 요구해서 그런지 그나마 올해는 조금 개선되어 SK광장과 동문 광장의 이용 빈도가 16회로 균형을 이루고 있습니다. 하지만 여전히 부족합니다.

해마다 대공원에서 개최되고 있는 축제나 문화행사가 지역경제 활성화에 크게 기여할 수 있도록 동문 광장이나 정문 광장으로 분산 개최되도록 유도하여 주시기 바랍니다.

◆
'빛 축제' 장소를 대공원 정문
'풍요의 연못' 주변으로 변경 제안

본 의원은 울산시 빛 축제 개최장소의 적정성 등에 대해 질의를 드리고자 합니다. 울산시 '빛 축제'는 겨울 축제가 없는 울산에 새로운 볼거리를 제공하는 축제입니다. 울산대공원 장미원 일원에서 지난 2017. 11. 11.~2018. 1. 21.(71일간)에 개최한 제2회 '빛 축제'의 직접 수익률은 39.5%, 관람객 면에서는 관외 거주자 44.4%(관내 55.6%)로 '2017년 울산 방문의 해'를 맞이하여 외지 관광객 유치에 일조하였으며, 울산 장미원이 울산을 대표하는 지역 축제의 명소로 자리매김하였다고 생각됩니다.

그러나 수익 측면을 고려할 때 축제 기간 관람객은 102,233명, 입장료 수입은 2억8천2백만 원이었는데, 투입된 예산 5억8천만 원에 비해서는 다소 미흡하다고 할 수 있습니다. 이는 축제의 콘텐츠 다양화와 차별화 부족, 지역경제 활성화에 미치는 성과 분석 미흡 등 울산의 '빛 축제'가 지역 경제 활성화라는 애초 목적에는 다소 부족한 것으로 생각됩니다. 축제는 단순히 시설공단의 경영 수익 창출이나 성과를 돋보이는 목적이 아닌 지역 경제를 살리는 역할을 해야 합니다.

전국 우수 축제 사례로 평가받는 함평 나비축제, 화천 산천어 축제, 보령 머드 축제의 경우 경기부양과 고용 창출을 통해 지역 경제에 많은 도움을 주고 있는 데 비해, 지금까지의 '빛 축제'는 지역 경제 활성화는 물론 옥동 상권에 큰 도움을 주지 못하고 있습니다.

주변 상인에 따르면 지난 제1회 축제 기간 시 대공원 정문 '풍요의 못' 주변 크리스마스트리 장식만으로도 옥동 상가의 매출이 조금 증가하는 효과가 있었지만, 대공원 남문 쪽 장미원 중심으로 열리는 '빛 축제'는 크게 도움이 되지 않는다고 합니다. 그곳은 관람객 주차장 확보의 편의성 외에 제대로 된 커피 한잔 마실 상가도 없는 실정입니다.

축제 참가 인원도 첫날 개막식 날 절정을 이루고 그 이후는 점차 줄어 간혹 있는 이벤트 행사 때를 제외하면 관람객이 매우 적어 밤에는 무서울 정도로 한산했다고 증언하고 있습니다. 대공원 정문에서 그곳까지는 상당한 거리에다 외딴곳이고, 겨울이라 걷는 사람도 적어 더욱 한산했을 것입니다.

옥동 울주군청 주변 상가는 군청사 이전으로 상가 매출이 급감하고 생존을 위해 종업원을 줄이거나 영업장 규모를 축소하는 등 어려움을 호소하고 있으며, 견디지 못한 상가는 폐업까지 하는 실정입니다.

축제는 관광객을 유치하여 지역 경제를 살리는 역할을 해야 한다고 생각합니다. 장기적으로 '빛 축제'의 발전과 침체한 옥동 상권을 살리기 위해 몇 가지 제안하며 울산 경제의 앞날을 위하여 울산시의 명확한 답변을 부탁드립니다.

첫째, 지역 경제 활성화는 물론 옥동 상권을 살리기 위해 '빛 축제' 장소를 대공원 정문에서 '풍요의 연못' 주변으로 옮겨 주실 것을 제안하며, 이에 따른 울산시의 계획을 밝혀주십시오.

둘째, '빛 축제' 장소 변경이 가능하다면 축제 기간도 12월부터 다음 해 1월까지 2개월 간으로 변경하여 주시기 바랍니다.

셋째, '빛 축제'의 풍성한 볼거리와 먹거리를 위해 축제 기간 정문 앞 주변 도로변을 활용해 주말에 버스킹이나 벼룩시장을 운영하면 어떠한지? 이를 통해 더욱 많은 관광객 유치와 경기 활성화가 가능할 것으로 판단됩니다.

끝으로 '빛 축제'가 울주군 청사 이전으로 무너진 옥동 상권을 회복시키는 등 지역 경제 활성화를 선도하는 축제로 거듭날 수 있도록, 실효성 있는 대책을 마련하여 주실 것을 간곡히 건의드립니다.

울산 장미축제 개최 및 장미마을 조성 요청

　울산을 대표하는 울산대공원 장미축제는 2006년 '110만 송이 행복만발 장미축제'라는 이름으로 처음 개최되었습니다. 당시 관람 인원은 45,539명으로 단순한 지역 축제였으나, 2009년을 기점으로 외지인 방문이 50%가 넘는 주요 축제로 거듭났습니다.

　5월 하면 장미가, 장미 하면 울산을 떠오르게 하는 장미축제는 울산을 전국에 알리게 된 명실상부한 봄축제가 되었습니다. 이것이야말로 '생태도시 울산', '관광도시 울산'을 자연스레 알릴 수 있는 최상의 홍보 수단이 아닌지요?

　하지만 지난 2년간 코로나19 확산으로 전국 주요 축제가 줄줄이 취소되었고, 우리 지역도 마찬가지로 취소되거나 비대면으로 진행되었습니다. 이는 곧 지역 상권의 침체로 이어졌고, 축제의 의미마저 사라졌습니다. 시민은 즐길 거리가 부족해 우울감에 사로잡히게 되었으며, 상인은 절망감에 한숨만 자아내고 있습니다.

　규제와 차단만이 대안이 아니라는 것은 이미 많은 사례를 통해 나타난 바 있습니다. 일례로 우리 시는 지난 11월 '2021 대한민국 정원산업박람회'를 코로나19 기간에 방역수칙을 준수하며 성공적으로 개최한 경험이 있습니다.

전국적 봄축제를 사양시키지 말고, 방역수칙을 준수하며 성공적으로 진행할 수 있다고 자신하며, 또한 그동안 코로나로 인해 피해를 많이 본 지역의 자영업체를 살리기 위해서라도 반드시 축제 개최는 필요합니다.

예단할 수는 없지만, 올해 울산의 경우 대표적인 꽃 축제가 대면으로 개최될 예정이라는 소식을 접했습니다. 지역 의원으로서 너무나 반갑지 않을 수 없습니다.

장미축제 개최와 함께 울산대공원과 접해 있는 옥동을 장미마을로 조성한다면 특색있는 축제와 마을이 될 것인데, 이는 전국에 알릴 참으로 좋은 아이디어라 생각됩니다. 장미축제를 관람하고 장미로 꾸며진 아름다운 거리를 거닐거나 차를 마시거나 식사를 한다면 그야말로 볼거리, 먹거리, 즐길거리를 모두 충족해 주는 오감만족 축제가 될 것으로 생각됩니다.

시민과 상인에게 힘을 북돋아 주고 지역을 살릴 수 있는 장미축제 개최와 관련하여 질의를 드리겠습니다.

첫째, 울산 장미축제 개최 계획과 진행 상황은 어떻게 되는지요?

둘째, 장미축제 기간 동안 옥동 전체를 장미로 뒤덮을 수 있는 방안, 즉 장미마을 조성을 검토해 줄 것을 요청합니다.

셋째, 축제 기간에 주차장 부족과 교통 혼잡이 심각합니다. 만약 축제가 진행된다면 방문객을 위한 주차장 마련 및 교통혼잡에 대한 계획은 무엇인지요?

울산시 답변

(229회/1차) 답변자 : 울산광역시장 작성일 : 2022-04-08

첫째, 울산 장미축제 개최 계획과 진행 상황에 대해 답변드리겠습니다.

울산을 대표하는 울산대공원 장미축제는 2006년 '110만 송이 행복만발 장미축제'라는 이름으로 처음 개최되었으며, 매년 5월에 개최하는 장미축제는 2014년 세월호 참사와 2020~2021년 코로나19 감염병 확산 방지를 위해 개최하지 못함에 따라 올해로 제14회를 맞게 되었습니다.

올해는 2022년 5월 25일부터 5월 29일까지 5일간 울산대공원 장미원과 남문광장 일원에서 장미축제를 개최할 예정으로 '협상에 의한 계약'을 통해 좋은 킬러콘텐츠를 제안한 행사 대행업체가 선정되어 3월 23일 계약을 완료하였습니다. 코로나19로 인하여 침체해 있는 일상을 회복하고자 노력하고 있는 시민들에게 즐거움 가득, 사랑 가득, 행복 가득한 축제를 보여주고자 축제 준비를 철저히 하고 있습니다.

특히 올해는 울산대공원이 개장한 지 20년이 되는 해로 20주년을 기념하기 위한 미디어 파사드 등 다양한 프로그램을 축제에 포함하여 준비하고 있습니다.

그러나 현재 정부의 코로나19 방역 수칙상 축제 개최는 박람회와 달리 엄격하게 적용되고 있어 축제 개최 시 현재 기준으로 동시간 대 300명 미만으로만 장미원 관람이 허용됨에 따라 방역수칙이 완화되지 않으면 축제를 개최할 수 없는 실정입니다.

4월 중순쯤 행정안전부에서 5월 코로나19 방역수칙이 결정될 예정이나 방역수칙과 관계없이 울산대공원 장미원을 찾는 방문객들이 장미를 통해 힐링할 수 있도록 할 계획이며, 더불어 방문객들에게 볼거리, 즐길거리를 다양하게 제공함으로써 지역 상권 활성화에 보탬이 될 수 있도록 노력하겠습니다.

둘째, 장미축제 기간 동안 옥동 전체가 장미로 뒤덮일 수 있는 장미마을 조성 검토에 대하여 답변드리겠습니다.

우리 시에서는 울산대공원 장미축제와 연계하여 2017년부터 2018년까지 'Rose City Ulsan' 조성을 위한 장미테마거리 조성사업을 추진하게 되었으며, 체계적인 관리가 가능한 시내 주요도로 녹지와 교통섬 등에 연 2회 이상 개화하는 우수한 장미 9만3천 본을 심어 아름다운 가로경관으로 탈바꿈시킴으로써 울산시민과 울산을 찾는 방문객에게 장미 도시 울산의 이미지를 드높이고 있습니다.

또한 우리 시는 코로나19로 인한 생활 방식 변화와 도시화 등으로 식물의 긍정적인 효과가 주목받으면서 도심 속의 정원문화가 새로운 트렌드로 급부상하고 '2021년 대한민국 정원산업박람회'의 성공적인 개최로 인해 정원에 관한 관심과 공감대가 형성됨에 따라 정원조성사업을 적극적으로 추진하고 있습니다. 향후 우리 시의 시화인 "'장미'를 정원조성사업에 포함, 연계 추진하여 아름다운 '장미 도시 울산'을 만들 수 있도록 구·군과 협의하여 적극적으로 추진토록 하겠습니다.

셋째, 축제 기간에 주차장 부족과 교통혼잡이 심각한데 축제 개최 시 방문객을 위한 주차장 마련 및 교통 통제 계획에 대하여 답변드리겠습니다. 축제 기간에 평균 약 14만 명이 방문함에 따라 주차장 부족과 도로교통 혼잡은 매번 제기되고 있는 문제점입니다. 따라서 축제 기간 동안 서틀버스 운행'안'을 검토하였으나, 무료 서틀버스 운행은 선거법에 위반되어 운행하지 못하는 실정이며, 또한 유료 서틀버스 운행에 대하여도 과거 축제 시 운행 결과 이용객이 저조하여 실효성이 떨어져 시행이 불가하다는 의견(대중교통 운송업체)으로 진행하지 못하는 실정입니다.

이에 따라 울산대공원 인근 문수체육공원, 양궁장, 테크노파크 주차장 및 나대지를 확보하여 주차구역을 확대할 예정이며, 해병동지회와 모범택시운전자회 등 관련 단체와 협조체제를 구축하여 울산대공원 인근 교통 불편이 최소화될 수 있도록 적극적으로 대처하여 나가겠습니다.

◆

문화정책이 미래이고
희망이고 경쟁력이다

　작금의 지식기반사회에서는 문화예술의 창의성이 경제적 경쟁력과 생활의 질을 좌우하는 핵심적 요소로 작용하고 있다는 점은 이제 누구도 부인하지 못한다. 따라서 요즈음 문화예술 정책의 행정지표가 지방행정의 큰 비중을 차지하고 있다. 이러한 점에서 울산시는 지역의 전통문화를 기반으로 문화 인프라 구축과 시민이 감동하는 수준 높은 문화예술 창출을 통해 새로운 '백년 울산'을 창조하는 문화복지도시 구현을 목표로 하고 있다.

　물론 문화예술은 그냥 두어도 끈질긴 자생력으로 솟아나 자체적 문화를 형성하기도 한다. 그러나 현대사회, 특히 문화 인프라 구축을 통한 복지사회 구현과 국제화 시대의 국가 경쟁력 확보라는 측면에서 본다면 문화예술 정책은 인간 삶의 역동적 기제로서 문화예술이 자생적으로 제 기능을 발휘할 수 있도록 해야 한다. 문화예술이 스스로 생명력을 갖게 되기까지 터를 닦고 씨를 뿌리는 과정이 필요한 것이고, 그 터를 닦고 씨를 뿌리는 모든 과정에 함께하는 것이 문화예술 정책이다. 지금은 효율적이고 바람직한 문화예술 정책이 그 어느 때보다도 절실히 요구되는 시기라고 하겠다. 그래서 새로운 '백년 울산'을 위한 새로운 물결 형성을 위해 '시민이 감동하는 수준 높은 문화예술 창출'이란 기치로 과거의 그것들을 과감히 버리고 수요자 중심의 문화정책을 추진하고 있다.

먼저, 문화의 불모지란 오명을 벗고 문화 향유지수 전국 최고라는 목표를 위해 문화 인프라 확충을 서두르고 있다. 지금도 관내에는 공·사립의 문화예술회관 2개를 비롯해 소공연장 11개, 야외공연장 11개, 박물관 3개, 공공도서관 9개, 작은 도서관 6개, 문화의 집 5개 등 문화시설이 있다. 그래도 여전히 도시 규모에 비해선 부족한 편이다. 그래서 기존 시설을 개보수해 활용도를 높이는가 하면 새로이 건립도 한다. 이에 문예회관의 내부를 대대적으로 리모델링하면서 연습실을 신축했으며, 기존 연습실은 말끔히 개선해 하반기부터는 지역 공연단체의 연습실로 개방하기도 한다. 또 그동안 부족한 공연장 해소를 위해서 소극장을 만들었고, 울주문예회관, 중구문화회관도 곧 건립될 예정이다. 전년에 문을 연 암각화전시관, 박제상기념관에 이어 5월 중에는 대곡박물관이 개관하고, 기공식을 가진 시립박물관도 후년에는 문을 연다. 올해 타당성 조사를 거쳐 시립도서관 건립이 검토되고 있는 가운데 양정·염포 도서관, 야음도서관도 건립될 예정이고 태화루 복원도 차질 없이 진행되고 있다.

한편, 지난 몇 년간 정책적 맥락에서 예술의 수요에 반응한 예술정책도 크게 확장되었다. 울산시의 적극적이고 강화된 예술정책은 사회와 예술이 만나는 장을 열었고, 이 과정에서 많은 예술가들이 활발한 창작활동에 동참하였다. 이러한 정책적 성과를 바탕으로 '창조'에서 '파급'으로의 새로운 물결을 일으키기 위해 기업이 창조적 문화예술 지원을 통해 지역사회 발전에 공헌하도록 유도하고 있다. 또한 공연단체의 창작활동을 매개하고자 문화 회식을 곁들인 메세나 운동을 준비하고 있다. 전년도 50개 공연단체에서 올해는 7개 장르 100개 단체의 협약을 추진할 계획이다.

그리고 예술이 예술인만이 아니라 누구나 참여하고 즐기는 '모두에 의한, 모두를 위한 예술'이 활짝 피고 있다. 여러 정책이 있지만 그중 대표적인 레인보우 문화마당을 살펴보면, 문화예술회관에서 매주 수요일 개최되는 열린무대 '뒤란', 뮤지컬 중심의 스위트콘서트, 11시 모닝콘서트, 시립예술단의 공연과 각종 기획 초청공연, 종합운동장 청소년 광장에서 목요일 개최되는 '공감', 금요문화마당 '어울림', 동헌 등지에서 열리는 전통문화공연 '우리가락 우리마당' 등이 있다.

또한 태화강 둔치에서 물 축제와 같이 열리는 '울산 락페스티벌', 태화강 대숲을 이용한 체험 위주의 '태화강 대숲 납량축제', 문화 소외 지역 대상인 '찾아가는 예술단 공연', 아파트 공원 등 주민 밀집 지역을 찾는 선진국형 '길거리 문화공연' 등이 있어 풍요롭고 흥겨운 놀이마당을 만들어낸다. 또 특색 있는 지역 예술행사 육성은 물론 재미있는 볼거리를 위해 8월에는 '인디밴드 창작 음악', 타악·관악연주의 '울산소리문화예술제', 10월에는 고복수가요제, 11월에는 울산 예술인의 예술축제인 '울산예술제'가 있어 더욱 다채롭다.

여기에다, 예술가의 생애주기를 통해 창작의 동기를 유지, 강화하고 예술가의 자생적 문제의식 형성을 돕는 것을 최우선 과제로 삼아 간섭보다는 효율적인 지원을 하고 발전을 도모하기 위해 무대 지원금을 과거 '소액다건'에서 '다액소건' 방식으로 전환하여 예술 장르별 5개 부문 29개 공연단체에 2억3,400만 원을 지원하기도 한다. 미술가의 창작 의욕 고취를 위해서는 3월 중에 만화와 미술의 소통전, 20세기 생활사 사진전(4월), 창작 오픈 작가전(7월), 울산 아트페어(8월), 태화강 국제조형물 설치 미술제(10월), 전국 조각가 초대전(10월), 태화강에서 꽃피다전(11월), 지역작가 창작 초대전 2회(9월, 12월) 등이 있어 시민들의 상상력을 자극할 것이다.

그밖에 면면히 이어져 온 울산의 충절, 예술의 혼, '울산의 정신'을 기리기 위한 정책으로는 3·1 만세운동 재현, 기박산성 의병축제가 있는가 하면 '박상진오페라', 뮤지컬 '태화강', 서덕출 창작동요제, 오영수 기념사업 문학제, 최현배 선생 추모 우리말겨루기 및 글짓기대회, 고복수 가요제로 울산의 인물과 정신을 기리고 가꾼다.

마지막으로 문화예술을 생활화하며 계승 발전시키고자 관내 80개 초중고생을 대상으로 한 '국악강사풀제', 초등학생을 대상으로 한 '충의정신 교육', 시민을 대상으로 하는 '국악 사랑방 음악회', 아트클래스 등도 적극적으로 운영한다. 이와 같은 의욕적인 문화정책은 우리의 삶과 국가의 미래 희망을 그리고 세계와 소통하며 새로운 '백년 울산'을 디자인하기 위한 것이다.

◆

실효성 있는
한글 정책 마련 건의

지난 10월 9일은 '세상에서 가장 아름다운 글자' 훈민정음 반포 572돌 한글날이었습니다. 우리 시도 한글날을 기념하기 위해 10월 7일부터 9일까지 외솔최현배기념관과 중구 문화의 거리 일원에서 한글문화 예술제를 개최하였습니다.

저도 며칠간 예술제 여기저기를 둘러보며 한글에 대하여 많은 생각을 하다가 이 자리에 서게 되었습니다. 한글날은 세종대왕이 '백성을 가르치는 바른 소리' 훈민정음을 반포한 것을 기념하고, 한글의 연구와 보급을 장려하기 위해 정한 국경일입니다. 지구상에 건국일이나 독립일을 기념하는 나라는 많지만 문자 창제를 기념하는 나라는 오직 우리나라뿐이라는 것을 알고 계십니까?

한글은 외국의 저명한 언어학자들이 '세계에서 가장 과학적으로 창제된 문자'로 평가하고 있습니다. 오늘날 지구상에 2,900여 종의 언어가 있지만, 문자는 30여 개에 불과합니다. 세계 공용어라는 영어만 봐도 알 수 있듯이 문자는 대부분 만들어진 시기와 만든 이를 알 수 없으며, 오랜 시간에 걸쳐 다듬어진 것입니다. 그러나 한글은 만들어진 날과 창제 이념, 창제 원리가 명확하게 밝혀진 독창적이고 과학적인 문자입니다.

유네스코에서도 한글의 우수성을 인정해 한글을 유네스코의 '세계기록유산'으로 선정했습니다. 우리 시에서도 2014년 8월 7일, 올바른 한글 사용을 촉진하기 위해 '국어진흥조례'를 제정했습니다. 시장님과 교육감님께 묻고 싶습니다. 국어진흥조례가 그 제정의 목적대로 올바른 한글 사용을 촉진하고 있다고 생각하십니까? 제가 알아본 바에 의하면 조례에 따라 국어발전계획(2016~2020년)을 수립하여 형식적으로 시와 구·군에 국어책임관을 지정하고, 청소년 국어능력 육성 지원에 1천만 원, 한글문화예술제에 6억7천만 원, 외솔 뮤지컬에 5억 원 지원 등으로 한글 관련 문화행사를 하는 것이 전부입니다. 얼마간의 예산으로 몇 가지 문화행사를 하는 것이 올바른 한글 사용을 촉진할 수 있다고 생각하십니까?

우리가 손 놓고 있는 사이, 한글은 파괴되고 있습니다. 10월 5일자 세계일보 보도로는 국민 100명 중 17명만이 세종대왕이 한글을 주도적으로 만들었다는 걸 알고 있다고 합니다. 한글 창제를 두고는 '문창살을 보고 만들었다느니, 실체를 확인할 수 없는 가림토 문자를 베꼈다느니, 파스파 문자와 같은 외국 문자를 모방했다느니 하는 억측까지 하고 있다'라고 전합니다.

울산시민은 똑똑해서 여기에서 예외일까요? 세종대왕께서 통탄할 일이 한두 가지가 아닙니다. 행정용어에는 여전히 일제 잔재가 남아있고, 비틀어지고, 축약으로 오염되어 파괴되고 있습니다. 예를 한번 들어보겠습니다. 행정용어에 남아있는 일제 잔재는 납골당(納骨堂:봉안당), 불하(拂下:매각), 행선지(行先地:목적지) 등이며, 비틀어진 말로는 힘내自! 중소氣UP, 福GO클럽 등이 있고, 축약된 말로는 '세상에서 제일'을 줄인 '세젤', '낄 때 끼고 빠질 때 빠져라'는 뜻의 '낄끼빠빠', '고구마를 먹은 듯이 답답하게 구는 사람'을 의미하는 '고답이' 등이 있습니다.

그런가 하면 그 뜻을 알 수 없는 국적 불명의 간판이 거리를 장식하고 있습니다. 곱창전골병원, 쓰리엔포, X-to, za za, 디 피, digiht, 프 쿡. 여러분은 바로 이해가 되시는지요?

울산 시민만큼은 품위 있고 올바른 한글을 사용할 수 있도록 실효성 있는 한글 정책을 마련해 주시고, 가르쳐 주실 것을 간곡하게 건의합니다.

장애인 체육선수에 대한
지원 촉구

저는 우리의 관심 밖, 넉넉하지 못한 환경 속에서 외로이 운동에 전념하고 있는 장애인 체육선수들이 최상의 기량을 발휘하고, 걱정 없이 운동에 전념할 수 있는 환경 조성을 촉구하고자 이 자리에 섰습니다.

울산시장애인체육회는 지난 2019년부터 장애인 선수들의 안정적인 생활을 지원하기 위해 취업 알선사업을 진행하고 있습니다. 지금까지 19개 종목 135명의 장애인 선수들이 취업에 성공해 안정적인 가정생활을 영위함은 물론, 회사 출근 대신 지정훈련장에서 훈련을 근로로 대체한 결과 그들의 경기력은 크게 향상되었습니다.

장애인 취업 알선은 시가 실업팀을 창단하면 연간 드는 시의 예산 32억 4천만 원을 절감하는 효과가 있습니다.

[예시] 실업팀 창단 및 운영

장애인 육상실업팀 선수 인건비 2,000천 원/인×12월×135명

올해 8월 24일 개막한 도쿄 패럴림픽에 울산시장애인체육회 소속의 배드민턴과 탁구 선수 5명이 국가대표로 출전해 배드민턴에

더 나은 울산 새벽을 연다

서 은메달 3개, 탁구에서 은메달 3개, 동메달 1개를 획득하는 훌륭한 성과를 거두어 울산시의 위상을 높였습니다.

또한 경상북도에서 개최된 제41회 전국장애인체육대회에서 역대 최고 성적인 종합 9위, 메달 순위 4위를 달성하였습니다. 이는 앞선 대회 대비 4단계 상승한 것으로, 전년 대회보다 종합순위가 많이 상승한 시도에 수여하는 열정상도 수상하였습니다.

이들의 성과는 과연 개인의 영광으로만 끝날까요? 그렇지 않습니다. 자라나는 어린 장애아들에게 큰 희망이 되고 있습니다. 장애아들도 비장애아들과 똑같은 꿈을 꿀 수 있도록 도와주어야 합니다. 장애인 체육선수들이 최상의 기량을 발휘하여 자라나는 장애아에게 희망이 될 수 있도록 훈련시설 및 장비 지원은 물론 경제적 보상이 뒷받침되어야 합니다. 하지만 울산시에서는 장애인 체육선수에게 운동에 전념할 수 있도록 충분한 경제적 보상이 이루어지지 않고 있는 것이 현실입니다.

송철호 시장님 알고 계시겠죠? 단순 비교하기엔 그렇지만 올해 울산시 전문 체육 예산이 174억 원인데 비해 장애인 체육 예산은 고작 44억 원입니다. 내년 2022년 예산도 전문 체육 예산은 9억 5,304만 원 증가 편성했으나 장애인 체육은 기껏 2,281만 원 증가에 그치고 있습니다. 장애인 운동선수도 울산시 대표선수로서 경기력을 극대화하기 위해 훈련비와 더불어 대회 전 한시적인 강화 훈련비를 받고 있습니다. 체육회 선수들과는 달리 대부분 소속팀이 없는 장애인 선수들을 위해 상시 훈련비를 편성하였으나 매우 미흡한 수준입니다.

체육회 선수는 65만 원 지원하고 있으나 장애인 체육회 선수는

20만 원 지원에 그치고 있습니다. 지도자 수당 지원도 차이가 납니다. 종목별 차이가 있긴 하나 체육회 지도자는 50만 원에서 100만 원을 지원받고 있습니다. 장애인 지도자는 35만 원에서 70만원 지원받습니다.

또한 체전 포상금도 차이가 납니다. 전문 체육인은 금메달 60만원, 은메달 40만 원, 동메달 20만 원의 포상금이 지급되고 있으나, 장애인 체육인은 금메달 40만 원, 은메달 30만 원, 동메달 20만 원을 지급받고 있습니다. 같은 색깔인데 왜 다를까요? 그건 우리의 뿌리 깊은 어긋난 인식에서 비롯된 것으로 저는 판단합니다.

오해하실 것 같아 말씀드립니다. 전문 체육에 지원하는 걸 줄여달라는 게 아닙니다. 오히려 울산을 빛내고 위상을 드높이고 있는 훌륭한 선수들에게 더 대우를 해줘야 합니다. 다만, 장애인 선수에게도 같은 대우가 필요하다는 걸 말씀드리는 겁니다.

송철호 시장님께 건의드립니다. 내년 추경을 해서라도 장애인 체육 지원 늘려 주십시오.

더 나은 울산 새벽을 연다

장애인배드민턴
세계선수권대회에 거는 기대

울산시는 2017 장애인배드민턴 세계선수권대회 유치에 성공했다. 지난 10월 4일 세계배드민턴연맹 위원회(BWF)가 스페인 빌바오에서 개최지 선정을 위한 회의를 열고 울산을 개최지로 선택했다. 한 차례 대회를 개최한 경험이 있는 강력한 후보 중국 베이징과 경합 끝에 유치에 성공하여 의미가 더 크다. BWF의 폴 에릭 회장은 울산의 선택 이유를 "유치 도시에 대한 현지 실사 결과 경기장이나 숙소 등 시설은 중국 베이징과 점수 차이가 없었고, 오히려울산은 프레젠테이션에 대한 점수는 낮았으나 중국은 BWF 위원의 질의에 제대로 대처하지 못하였지만, 울산은 위원의 질의에 대해 성실하게 답변한 결과가 좀 더 좋은 점수를 받았고, 특히 시민의 유치결의대회 및 서명운동을 하는 등 대회 유치 열망에 큰 감명을 받아 좋은 평가로 이어진 것 같다"라고 밝혔다. 그는 "지역사회와 시민의 관계 역시 돈독해 이번 대회를 성공적으로 개최할 수있을 것으로 생각한다"라고 말했다.

울산시는 광역시 승격 20주년을 기해 장애인에게 달라진 장애인정책을 알리고 그들에게 '꿈과 희망'을 심어주기 위해 다양한 행사를 기획하다 2017 장애인배드민턴 세계선수권대회 유치를 결정했

다. 곧바로 대한장애인배드민턴협회와 유치 방안을 협의하고 대한
장애인체육회의 협력과 지원도 약속받고 유치 신청서를 제출했다.
특히 대한장애인배드민턴협회에서는 전 행정력을 다해 우리 시와
함께 유치 활동을 전개하고 대회 개최 지원에 최선을 다하기로 약
속했다. 이어 BWF 측에 시와 시민들이 함께하고 있음을 널리 알
리고, 시민들의 강력한 열망을 전달하기 위해 지난 6월 22일 500
여 명이 참석한 가운데 울산 유치 범시민 결의대회를 갖고, 유치
서명운동을 전개하여 2만2,000여 명으로부터 서명을 받아 BWF
에 전달했다.

그러는 한편, BWF 측의 현장 실사에 대비한 시설 개선과 대회
참가 선수단의 숙박 대책을 마련하고 총회 제안 설명을 위한 PPT
제작에 온 정성을 다했다. 이렇게 차분하게 준비하고 열정적으로
추진한 결과 유치 성공으로 이어진 것이다. 이 과정에 울산시장애
인체육회 직원과 임원의 역할이 큰 힘이 됐다.

울산시는 대회를 장애인이 '꿈과 희망을 키우는 대회', 장애인과
비장애인이 한데 어우러지는 '한마당 축제의 장'이 되도록 준비할
계획이다. 그러기 위해 장애인이 다양한 분야에 협력하며 대회를
함께 준비하고 대회를 운영할 것이다. 또 장애인 선수들이나 관중
들이 불편을 느끼지 않도록 최선의 노력을 다할 것이다.

그렇기 때문에 울산광역시는 이제부터 더 중요하게 생각하고 행
동에 신경 써야 한다. 서둘러 대회조직위원회를 구성하는 한편, 관
계기관, 단체와 협의하면서 대회 실행계획을 수립하고, 선수나 관
중이 불편하지 않게 경기장도 개선하고, BWF 회원국에 참가 요강
을 공지하는 등 시간을 아끼며 차질 없이 대회 준비를 해야 한다.

특히 경기장에 장애인 선수만 경기하는 관중 없는 썰렁한 대회가 아니라 장애인뿐 아니라 수많은 시민이 관중으로 올 수 있게 다양한 프로그램과 관중 참관 계획을 마련해 성공적인 대회가 되도록 할 계획을 세웠다.

한편, 내년 11월 21일부터 26일까지 동천체육관에서 열리는 장애인배드민턴 세계선수권대회에 32개국 470여 명의 선수단이 참가한다. 이로 인해 지역경제에 8억 4,000만여 원의 낙수 경제효과뿐 아니라 '장애인 친화도시 울산', '관광도시 울산' 브랜드 이미지 제고에도 큰 의미가 있을 것이다.

끝으로 차질 없는 대회 준비도 중요하지만, 성공적인 대회가 되기 위해서는 뭐니 뭐니 해도 관중이다. 장애인만의 쓸쓸한 잔치로 끝나지 않도록 시민들의 아낌없는 지원과 대회 관람으로 한 마당의 축제가 되길 기대한다.

체육 현안 추진
상황에 대한 질문

오늘은 체육 현안 추진 상황에 대해 두 가지 질문을 드리고자 합니다.

첫째, 2021년 제102회 전국체전 준비 상황에 대한 질문입니다. 지난해 그 이전 11월 14일 서울시는 세종문화회관에서 전국체전 및 전국장애인체전 대회 조직위원회 창립총회를 열고, 132명으로 구성된 조직위원회를 출범시켰습니다.

그리고 12월 11일 서울시는 제100회 전국 체전 D-300일 기념행사를 열었습니다. 이날 홍보대사를 임명하고, 개·폐회식 감독을 위촉하고, 21명으로 구성된 SNS홍보단을 발족했습니다.

서울시는 제100회 전국체전을 '스포츠로 통일로 가는 체전'으로 준비하고 있습니다. 또 전국체전을 계기로 손님맞이에 최선을 다해 서울시 관광, 서울시 홍보 등에 주력해 나갈 계획인 것으로 알려지고 있습니다.

서울시는 전국체전을 위해 별도의 체육시설 신설이나 증설 없이 개최 가능한 도시입니다. 또한 전국체전은 물론이고 다양한 스포츠 행사를 개최해 본 경험이 풍부한 도시입니다. 그럼에도 300일 시점에 체전 준비에 돌입했습니다.

반면, 우리 시는 16년 전인 2005년 전국체전을 개최한 경험을 갖고 있으나 종목별 새로 짓거나 고쳐야 할 경기장이 한두 곳이 아닙니다. 16년 만의 전국체전이 지역 체육 경쟁력을 끌어올리고 지역 관광산업 활력화의 계기가 될 수 있도록 철저한 대비가 시급합니다.

울산시의 전국체전 준비와 관련한 조직과 경기장 신·증설, 개·보수, 선수 육성, 비용과 조달 계획 등 체전 추진계획과 현황을 구체적으로 답변해 주시기 바랍니다. 그리고 덧붙여 체전을 계기로 지역의 관광산업과 울산홍보를 위한 계획을 답변해 주시기 바랍니다.

둘째, '말도 많고 탈도 많은 체육회 현안'인 보조금 지도 점검 결과에 대한 질문을 드립니다. '말도 많고 탈도 많은 체육회'인지라 자고 나면 연일 언론의 지면을 장식하고 있습니다. 그래서 송철호 시장님께서 체육회 투명성 제고를 공약으로 내걸고 투명성을 높이기 위해 여러 사업을 추진하고 있는 것으로 알고 있습니다. 지난해는 어른들이 주로 생활체육으로 즐기고 있는 파크골프가 연일 언론의 주목을 받았습니다. 시 파크골프협회와 남구파크골프 협회가 보조금 등 몇몇 사안을 놓고 낯 뜨거운 비방이 이어지는 촌극으로 언론을 심심찮게 했습니다. 그리하여 시민신문고위원회가 조사하고 보조금 횡령 의혹에 대해 일말의 실마리를 찾기도 했습니다. 그러던 중 연말에는 북구 파크골프협회의 자체 비리로 연일 언론의 지면을 달구기도 했습니다. 제가 알기로는 체육회의 비리는 해마다 신문에 심심찮게 등장하는 단골 메뉴이기도 합니다. 그럴 때마다 어떻게 하는지? 시가 지도 감독권을 발휘해 점검하고 그 결과를 바탕으로 법에 따라 '조치했다'는 보도를 접한 적이 없습니다.

지난해 11월 16일 시의회의 '문화관광체육국'에 대한 행정사무 감사 때 '체육회 가맹단체의 보조금 횡령 의혹'에 대한 뜨거운 질문과 답변이 이어졌습니다. '행감' 때 문화관광체육국장이 빠른 시일 내에 체육회 산하 64개 가맹단체에 대한 지도 점검을 실시하고 그 결과를 2월 중 시의회에 보고하기로 약속하였습니다. 체육회 산하 64개 가맹단체에 대한 지도점검 결과와 조치한 사항, 그리고 앞으로 투명성 제고를 위한 대책을 답변해 주시기 바랍니다.

더 나은 울산 새벽을 연다

울산시체육회가
가야 할 길

국민체육진흥법에 근거해 1997년 7월 15일 설립된 울산광역시체육회와 생활체육진흥법에 의해 1997년 9월 3일 설립된 울산광역시생활체육회가 개정된 국민체육진흥법에 따라 통합 절차를 마무리하고 '울산광역시 체육회(Ulsan Sports Council-약칭 울산시 체육회USC)'로 출범했다. 엘리트 체육을 담당하는 체육회와 주민의 생활체육을 담당하는 생활체육회가 한 집 살림을 시작한 것이다.

체육회 초대 회장은 규약에 따라 울산광역시장이 당연직으로맡았다. 사무처 조직은 회장의 대외활동을 보좌할 상근부회장 1명을 두고, 사무처 업무를 통괄하는 1처장 1차장 3부장 5과장 제로운영된다. 조직 안정화를 위해 기존 시스템과 양 체육회 직원 24명의 고용도 그대로 승계했다.

두 단체의 통합은 그동안 숱하게 그 필요성이 제기돼 왔던 터여서 뒤늦은 감이 없지 않다. 체육회가 분리돼 있어 엘리트 체육과생활체육 간의 연계성 확보를 기대하기 어렵고 오히려 예산과 행정의 비효율을 유발한다는 주장이 체육계 안팎에서 끊임없이 제기돼 마침내 중앙단체에 이어 울산시도 통합을 이루게 된 것이다.

엘리트 체육과 생활체육의 통합은 그동안 엘리트 체육 위주의

체육 지원이 시민 대다수를 위한 체육 행정으로의 정책 전환이라는 의미도 깊다. 이른바 국위 선양식 엘리트 체육 일변도에서 온 시민의 건강과 여가를 중시하는 생활체육으로의 전환이라는 점에서 고무적이다.

한편 우려의 목소리로 걱정했지만, 다른 지역과 달리 체육계의 내분 없이 질서 있는 울산시 체육회의 통합은 체육계의 원로와 양 단체의 임원, 가맹단체의 장과 관계자의 적극적인 참여, 통 큰 결단이 순조로운 통합을 가능케 했다. 또 양 단체의 사무처장을 비롯한 사무처 직원의 차질 없는 준비에 힘입은 바 크다.

앞으로 통합된 체육회는 책임이 막중하고 풀어야 할 과제가 많다. 가장 먼저 해결해야 할 선결과제가 두 단체의 이질적 요소를 하나로 화학적으로 용해해 내는 일이다. 소수의 몇몇 체육계 인사나 사무처 직원을 위한 것이 아닌 전체 체육인과 시민을 위한 단체로 거듭나야 한다. 또 각자의 특성을 지키기보다는 엘리트 체육과 생활체육을 융합하는 선순환 구조를 만들어야 한다.

그리고 업무의 비효율을 없애고 예산도 적절하게 배분하는 일도 과제다. 그간 엘리트 체육은 정책적으로 생활체육에 비해 상대적으로 많은 예산을 배분받아 왔다. 지역과 국가를 대표할 엘리트 선수를 위한 지원금이어서 풍족하지 않은 것은 부정할 수 없다. 그러나 엘리트 체육 못지않게 일반 시민의 건강과 여가를 지원하는 생활체육 지원이 상대적으로 소홀해서는 안 된다. 생활체육에 대한 예산은 시민에 대한 체육 복지라는 점을 새롭게 인식해야 한다,

체육회 규약에서도 밝히고 있듯이 '체육 운동을 범시민화하여 학교 체육 및 생활체육 진흥을 위한 다양한 활동을 전개함으로써

시민의 건강과 체력 증진, 여가선용, 복지향상에 이바지하며 우수한 경기자 양성으로 울산시 체육 발전 및 국위선양에 기여하는 것을 목적'으로 체육을 통해 시민의 화합과 체육 복지 향상, 지역 경제 활성화를 위한 노력을 기울여야 한다.

체육회 운영도 좀 더 투명하게 민주적으로 탈바꿈해야 한다. 산하단체나 가맹단체에 지원하는 예산에 대해서는 철저한 관리와 감독을 강화하되, 그 운영의 자율성은 최대한 보장하는 게 옳다. 앞으로 한 차원 높은 체육회의 발전을 기대한다.

5장

후손에게 빌려 쓰는 환경

◆

걸어서 만나는 역사,
반구대암각화

모든 것이 한 박자 빨라지는 이 계절. 잠시 돌아보면 헛헛해진 가슴을 채워 줄 공간이 우리 곁에 있다. 걸어서 만나는 역사, 고대 선사인의 숨결이 오롯이 새겨진 반구대암각화. 휴일에 가족과 과거로 떠나는 시간여행 한번 해보면 어떨까?

차는 집에 두고 버스를 이용하자. 버스는 울산역에서 반구대암각화를 하루 3회(10시, 13시, 16시) 왕복 운행하는 348번을 이용하면 되고, 차를 가져간다면 주차는 반구대암각화 박물관 가는 길목의 주차장을 이용하면 된다.

산책에 앞서 반구대암각화 박물관에 들러보라. 규모는 작지만 반구대암각화 전문박물관은 볼만하다. 얼마나 깔끔한지 이상목 관장을 비롯한 직원의 정성을 느낄 수 있다. 문화관광해설사가 반구대암각화와 천전리각석의 역사적 사실을 재미있게 알려 준다.

가서 보면 느끼겠지만 박물관에서 암각화까지 다시 되돌아 천전리각석으로 가는 선사 문화 산책로 주변 경관은 괴산 화양구곡 부럽지 않은 절경이다. 선사 문화 산책로는 태화강 100리 길의 백미로 힐링 걷기 코스로 강력히 추천한다.

걸어가다 반구대암각화 길목에 있는 집청정 누각에 올라 반구대

(盤龜臺)를 보면 테라스처럼 층층이 쌓인 기암절벽이 솟아있고, 돌 틈새에 뿌리를 내린 개나리, 진달래, 소나무와 그 아래를 굽이쳐 흐르는 대곡천의 맑은 물이 절묘하게 뒤섞여 한 폭의 진경산수화를 연출한다.

집청정에서 발을 더 떼면 오래된 가옥을 보게 되는데 바로 포은 정몽주를 배양한 반구서원이다. 더 내려가면 청량한 물소리마저 끊긴 듯 한적한 길이 이어지면서 어느 순간 대곡천이 휘감아 원을 그리는 멋진 풍경이 나타난다. 그 건너편에 반구서원 유허 비각이 봄 햇살 속에 누군가를 기다리며 표표히 서 있다.

좀 더 걸어 나무 데크 다리를 건너면 바로 잠시 대숲으로 둘러싸인 길이 나타난다. 봄이라 생명을 잉태한 죽순, 향긋한 대나무 내음에 마음이 절로 상쾌해진다. 대숲 길 끝에 공룡 발자국 안내문이 있다. 반구대 주변 대곡천 구석구석에 쥐라기 공룡 발자국이 산재해 있다. 공룡발자국 화석지를 지나면 시야가 확 트인 곳, 대곡천과 반곡천이 만나는 습지가 보인다. 반구대암각화 주변은 원시의 비경을 그대로 간직한 듯 푸르른 생명을 뿜어내고 있다.

마침내 마주 서는 거대한 바위 절벽. 1971년 동국대학교 문명대 박사 탐사 팀에 의해 모습을 드러낸 국보 285호. 높이 3미터 너비 10미터 가파르게 꺾인 절벽 암반 위에 선사인의 놀라운 자연 관찰과 예술 감각을 볼 수 있다. 조금 전 바다에 있다 바위에 갇혀서도 살아 숨 쉴 것 같은 고래. 새끼를 업고 있는 귀신고래, 머리 모양이 뭉툭한 향고래, 숨구멍으로 물을 뿜어내는 긴수염고래. 정확하게 묘사된 58마리의 고래와 고래에 꽂힌 작살, 고래를 끌고 가는 사람의 모습까지. 다양한 동물과 사람의 모습을 한꺼번에 담은 희귀한 암각화이자 고래잡이 모습을 담은 '세계 최초의 암각화'라한다.

약 7천 년 전 고래의 바다로 불리던 울산, 그리고 바다와 인접해 있던 태화강. 반구대암각화는 '수천 년 전 한반도의 해안 모습과 사냥과 어로로 생계를 이어가던 선조의 삶을 유추할 수 있는 증거이자, 생존과 풍요를 향한 염원을 담은 한국미술의 원형'이라 한다. 보존 논란으로 지금은 접근을 막아 망원경으로만 볼 수밖에 없는 현실이 너무 답답하다. 현재 유네스코 세계문화 유적 잠정 목록에 등록돼 있다. 유네스코 세계문화유산으로 하루빨리 등재되어 전 세계인이 함께 볼 수 있기를 기대한다. 되돌아 나오는 내내 온몸에 충만한 기를 느낀다. 힐링이 따로 있나? 선사인들의 멋진 선물, 감사하다.

참고로 반구대 주변은 빼어난 경관을 자랑하는 계곡으로, 이곳을 흐르는 물은 맑고 깨끗하며 사철 수량이 풍부하다. 국보 제147호 울주 천전리각석이 있다. 가까운 곳에는 신라 공신 박제상의 유적지인 치산서원, 망부석, 은을암 등이 예로부터 내려오는 전설을 간직한 채 찾아오는 이들을 기다리고 있다. 또 수령 500여 년의 높이 223m, 가슴 높이의 둘레가 12m에 이르는 거목인, 두서면 은행나무가 천연기념물 제64호로 지정되어 있다. 어떤가? 겨우내 잠들었던 산천이 깨어나는 봄의 내음을 맡으며 가족과 걸어 역사를 만나 보지 않으려는가?

반구대암각화 물고문
더 해야겠습니까?

국보 제285호 반구대암각화가 다나스 태풍이 몰고 온 비로 또다시 물에 잠겼다. 이번 비로 며칠 동안이나 물에 잠겨 있어야 할지 걱정이다. 6천여 년을 견뎌온 반구대암각화가 1965년 사연댐 건설 이후 54년 동안 1년 중 길게는 193일, 짧게는 32일간 물에 잠겼다가 드러나기를 되풀이하고 있다. 이에 따라 탈각과 마모, 박리현상이 빨라지고 있다.

댐에 수문이 없다. 댐 높이가 66m인 가운데 월류정, 표고 60m에 여수로가 설치돼 있을 뿐이다. 60m의 여수로를 통해 물이 자연히 흘러가는 구조다. 사실상 취수탑 이외 물을 빼낼 시설이 없다.

지금까지 암각화 보존을 우선하며 '수위 조절'을 강조하는 문화재청과 '물 부족 해결'을 주장하는 울산시는 서로 대립해 왔다. 이러한 논란 속에서 암각화 주변에 차수벽 설치(2003년), 터널형 물길 변경(2008~2011년), 생태 제방 설치(2011년), 가변형 카이버넥틱 사업 추진(2013~2016년) 등을 모색해 봤지만 실효성 문제로 중단했다. 용역비와 세월만 낭비했지 한 발짝도 못 나가고 있다.

사실, 물 부족 이유로 수위 조절을 거부해 오던 울산시도 물에 잠겨 훼손되는 걸 더 이상 방치하지 않기 위해 2014년 8월부터

48~52m로 수위 조절을 해 오고 있다. 수위 조절로 부족한 물 5만 5천㎥는 낙동강 물을 끌어다 사용하고 있다. 다행히 회야정수장과 천상정수장이 고도정수처리 설비를 갖추고 있어 수질 문제는 없는 것으로 알고 있다.

수위 조절 이후 암각화에 큰 변화가 일어났다. 최근 10년간 평균 82일간(2009년 177일, 2010년 148일, 2011년 164일, 2012년 193일, 2013년 7일, 2014년 62일, 2016년 32일, 2018년 38일) 물에 잠기던 것이 2014년 이후 평균 26일로 조사됐다. 수위 조절 효과가 크다는 걸 증명한 것이다. 하지만 수위 조절로도 여전히 큰비가 올 때면 잠기고 있다. 수문이 없어 물을 단시간에 뺄 수 없기 때문이다.

한편, 이를 계기로 수자원공사는 2005년부터 2012년까지 물 유입량 자료를 활용해 사연댐 여수로 조건별 암각화 침수 일을 모의분석했다. 그 결과 1) 여수로 변경 없이 운영 수위를 52m로 조정할 때 37일, 2) 여수로 변경 없이 운영 수위를 48m로 조정할 경우 29일, 3) 여수로에 수문을 설치하고 수위를 52m로 조정할 경우 9일, 4) 여수로를 굴착(EL 60m→El 52m)하여 수문을 설치 운영하면 2일 정도 침수되는 것으로 조사됐다. 이래도 수문 설치를 반대하겠는가?

지금부터는 미래로 가야 한다. 세계문화유산 등재 대상인 대곡천암각화군에는 인간이 없는 시대에는 공룡의 흔적이 남아 있고, 인간 시대에는 선사인 흔적인 반구대암각화와 천전리각석이 남아 있다. 암각화는 선사인의 바다가 기억으로 재구성되고 이미지로 재해석된 경우로 세계에서 가장 오래된 고래 사냥 장면을 담고 있다. 역사시대 흔적으로는 신라시대 화랑과 원효대사, 진흥왕, 고려

시대 정몽주, 조선인의 발자취가 남아 있다. 유네스코 등재 이후 관광 자원화 사업은 울산에 새로운 기회가 될 것이다.

여수로 굴착, 수문 설치를 제안한다. 2014년 수위 조절 이후 물 문제로 불편을 한 번이라도 느껴본 적 있는가. 다행히 지난 4월 29일 반구대암각화 보존과 물 문제 해결을 위한 큰 틀의 합의가 이뤄졌다. 국무조정실 주관으로 환경부, 문화재청, 경상북도지사, 대구시장, 울산시장, 구미시장이 참석한 가운데 낙동강 유역 물 문제 해결을 위한 상호협력 MOU가 체결되었다. 이제 지루한 논란은 끝내야 한다. 더 늦기 전에 송철호 시장은 정부를 믿고, 시민 여론을 믿고 결단할 때다.

반구대암각화 보존을 위한
작지만 큰 노력

　지난 2월 17일 반구대암각화가 문화재청의 세계문화유산 우선 등재 목록에 선정되었습니다. 이는 반구대암각화가 세계적인 유산으로서 지닌 잠재적 가치를 인정받았다는 데 큰 의의가 있습니다. 하지만 아직도 '맑은 물' 패러다임에서 벗어나지 못한 채 뚜렷한 대책도 없이 단지 타 지역의 물을 공급받는 것에 모든 총력을 기울이고 있는 것은 아닌지 의문이 갑니다.

　반구대암각화 보존을 위한 수문 설치 필요성 또한 여야를 막론하고 많은 분이 외쳐왔으나 이마저도 전문 용역기관을 찾지 못해 반년 가까이 표류하였습니다. 타당성이 입증된다 한들 대구시와 구미시 간의 식수 갈등을 풀어 줄 '낙동강 통합 물관리 방안'이 도출되지 않는다면 반구대암각화를 구할 사연댐 수문 설치는 영원히 수장될 위기에 놓여 있습니다.

　지난 2000년부터 반구대암각화 보존과 물 문제 해결을 위한 우리 시의 학술, 기술 용역은 총 18건에 43억3,730만 원의 예산이 투입되었으며, 20년이라는 소중한 시간도 허비하였습니다. 어쩌면 단번에 반구대암각화를 구하기 위한 대안만을 찾기 위해 많은 시간과 예산, 행정력을 동원한 것은 아닌지 하는 생각이 듭니다.

저를 비롯한 많은 여·야 정치인이 하나같이 반구대암각화 구출을 외치고 있지만 정작 울산시민을 넘어 대한민국 국민 대부분은 존재조차 모르고 있는 이 현실은 무엇으로 설명해야 할까요?

울산시에 위치한 인류 최초의 고래잡이 유물이자 국내 최고의 선사시대 바위그림 국보 제285호. 매년 집중 강우로 수장되는 반구대암각화가 아닌 문화적 가치로 인정받을 수 있도록 모든 국민의 인식 저변에서부터 먼저 반구대암각화를 끌어낼 비책을 세워야 합니다. 또한 반구대암각화를 위한 절실하고 간절한 마음으로 울산시민 스스로 물을 절약하고 이를 뒷받침할 재정지원이 이루어져야 합니다.

우리 시는 2019년도 기준 상수도 급수인원은 총 115만 명으로 1일 1인 급수량은 311리터입니다. 2014년 8월부터 반구대암각화 침수 최소화를 위한 사연댐 수위조절로 인한 부족분은 하루 12만 톤으로 천상, 회야 정수장에서 하루 생산하는 물량의 34%에 달합니다.

우리나라의 강우는 건기와 우기가 나뉠 정도로 편차가 심합니다. 강우 시에는 많은 물이 바다로 흘러가고 있습니다. 물 부족에 대처하는 우리의 의지가 흘러가고 있는 것입니다. 부족분에 대한 소규모 정수장 증설과 배수지 확보, 그리고 절수기의 보급과 지원 등 다양한 접근방법이 필요합니다.

수도법상 2013년 이후 주택에는 양변기 1회 사용 시 6L를 사용할 수 있는 절수형 양변기를 설치하도록 규정하고 있지만, 실상은 10L 이상이 소요되고 있다는 자료를 보았습니다. 절수형 양변기 설치만으로도 세대당 월 1.7톤에서 3.1톤까지 절약할 수 있습니다.

주택의 절수기 설치 지원과 주택 이외의 상가나 제조업체까지 그 영역을 확대한다면 우리의 노력만으로도 충분히 물 부족을 해결할 수 있을 거라 믿습니다.

'작은 물방울이 바다를 이룬다.'라는 말이 있습니다. 시민의 자발적인 참여를 유도하고 이를 지원하는 방안 마련과 반구대암각화를 구하고자 하는 시민의 인식 전환, 국민적인 관심 확대야말로 위기의 문화유산과 물 부족을 동시에 해결할 수 있는 지름길이라 생각합니다.

시급한
기후위기 대응

기후위기는 우리의 생활과 자연 생태계를 변화시키고 있습니다. 이미 우리의 평온했던 일상을 위협하고 있습니다. 뜨겁다 못해 타들어 가는 지구. 여름은 견디기 힘들 정도로 더워졌고, 북극과 남극의 빙하는 녹기 시작했습니다. 비나 눈도 별로 오지 않아서 올 봄·여름 가뭄이 걱정됩니다. 바싹 마른 산의 나무 때문에 산불이 나도 불을 끌 수가 없습니다. 얼마 전 호주에서는 큰 산불이 수개월째 꺼지지 않아 10억 마리 이상의 야생동물이 희생되었습니다. 이미 생태계에서는 멸종위기에 놓인 야생동식물이 늘어나고 있고, 서식지가 변화하고 있습니다. 지구 곳곳에 홍수로 수십만 명이 죽고 지독한 폭염에 많은 사람이 사망했습니다. 잦은 태풍과 가뭄은 기온 상승이 원인이라 합니다.

전문가들은 기후위기로 인해 더 자주 감염병이 찾아올 것이라 경고하면서, 온도가 1℃ 오르면 감염병은 4.7% 증가한다고 합니다. 사스, 신종플루, 메르스에 이어 코로나19와 같은 감염병이 끊임없이 돌고 있습니다. 전문가들은 이 모든 일이 기후위기 때문에 일어났다고 말합니다.

사실, 지난 1만 년 동안 지구의 온도는 4~5℃ 상승했다고 합니다. 그러나 산업혁명 이후 과도한 화석연료 사용과 자원의 남획으로 지구의 온도는 과거 100년 동안 1℃가 상승했습니다. 1만 년 전과 비교하면 25배 빠른 속도로 지구 온도가 상승했다고 합니다. 그래서 20년 전부터 전 세계 정상들은 지구온난화 현상을 인정하고 인류가 해결해야 할 문제라고 인식하였습니다. 이에 1992년 리우환경회의, 1997년 교토의정서를 거쳐 2015년 파리협정이 195개국 합의로 체결됐습니다. 그런데도 온난화 책임이 가장 큰 미국이 파리협정을 탈퇴함으로써 지구 온도 1.5℃ 상승은 불가피하게 되었습니다. 시간을 허비하는 사이, 우리는 2014년도에 이미 탄소 예산을 3분의 2 가까이 썼고, 이제 8년 정도만 이런 식으로 간다면 지구에 큰 재앙이 일어나리라 예측됩니다.

유엔의 IPCC(IntergovernmentalPanelonClimateChange)는 '기후변화'는 어느새 '기후위기(climate crisis)'로 변했고, 나아가 곧 기후재앙(climate catastrophe)이 올 것이라 경고했습니다.

여러분, 우리나라가 기후변화 대응지수 28.5점을 받아 세계 4대 기후악당국(사우디, 호주, 뉴질랜드)으로 선정된 건 알고 계십니까? 2017년 온실가스 배출량은 사상 최고치 7억914만 톤을 기록하여 세계 7위가 되었고, 1인당 탄소 배출량은 12.4톤으로 세계 평균의 2.5배에 이릅니다. 이는 영국, 이탈리아의 2배 수준이랍니다. 선진국은 탄소배출을 계속 줄이고 있지만, 한국은 계속 증가시키고 있습니다. 국민소득 3만 불 국가로서 부끄러운 일이 아닐 수 없습니다.

이와 같이 차고 넘치는 기후위기 증거들은 사회·경제 모든 분야의 태세 전환을 요구하고 있습니다. 지구의 시간이 얼마 남지 않았습니다.

유럽의회가 2019년 11월 28일, '기후 비상사태(Climate emergency)'를 선언했습니다. 6월 5일에는 전국 219개 기초자치단체가 '기후 비상사태'를 선언하고, 지구 평균온도 상승 폭을 1.5℃ 이내로 억제하기 위해 온실가스 감축목표를 설정하고 실천할 것을 약속했습니다. 이와 같이 전 세계 나라들과 지방정부들 또한 비상상황을 인식하고 매우 빠른 속도로 대응책을 마련하고 산업과 사회·경제 생태계의 대전환을 준비하고 있습니다.

이제, 기후위기 대응은 선택의 문제가 아니라 우리의 최우선 정책과제가 되어야 합니다. 지금 당장 지구 위기에 대응하지 않고 시간을 허비한다면, 그땐 실현 불가능한 강도 높은 정책이 필요할 것입니다.

우리가 누리는 이 아름다운 순간과 존재들을 반드시 지켜야 합니다. 지금 당장 '기후 비상사태'를 선언하시고, 울산의 모든 산업과 인프라를 온실가스 감축 목표로 전면 재편하는 '기후위기 대응 대책'을 세워주실 것을 제안합니다.

기후위기 대응 종합적인 정책 필요성 제기

본 의원이 지난 6월 8일 제213회 정례회 제1차 본회의에서 5분 발언을 통해 기후위기는 우리의 생활과 자연 생태계를 변화시키고 있고, 이미 우리의 평온했던 일상을 위협하고 있다며, "울산시는 지금 당장 '기후 비상사태'를 선언하라"라고 목소리 높여 건의한 적이 있습니다. 그리고 6월 22일 본 의원이 대표 발의한 '기후 위기 비상 행동 촉구 결의안'이 본회의에서 만장일치로 의결하여 집행부에 이송했습니다. 결의안에서 촉구한 '기후위기 비상사태 선포'와 '기후위기 극복을 위한 구체적인 실천 방안 수립'의 진행 상황은 어떻게 되어 가고 있는지요?

오늘 본 의원은 그 연장선에서 체계적이고 통합적인 기후위기 대응을 위한 종합적인 정책 필요성을 제기하고자 5분 발언에 나섰습니다. 지난 6월 4일 올해 들어 첫 폭염특보가 발효된 가운데 기상청은 올여름 역대급 폭염을 예상하면서 폭염이 평년보다 더 길어진다고 예보했습니다. 전문가들은 올여름 날씨가 평년보다 더 무더위가 거셀 것으로 보고 온열질환 등 폭염에 철저한 대비가 필요하다고 말합니다. 그래서인지, 예년보다 일찍 찾아온 무더위로 온열질환자가 벌써 속출하고 있습니다. 질병관리본부는 올해 5월 23

일부터 6월 12일까지 신고된 환자 수는 70명을 넘어섰다고 밝히면서 온열질환자 다발성을 경고하였습니다.

기억하시겠지만 지난해 7월 28일부터 8월 4일까지 9일간 폭염특보가 이어진 울산에서도 모두 13명의 온열 환자가 발생한 적이 있습니다. 폭염은 온열질환뿐만 아니라 대규모 인명피해를 입힐 수 있는 기상재해입니다. 또한 노약자, 장애인, 저소득층 등 사회적 약자 계층이 더위에 더 취약하기 때문에 폭염은 자연재난을 넘어 빈곤과 사회적 고립 등 불평등을 상징하는 사회적 재난입니다.

폭염에 따른 각종 피해가 급증하면서 울산시 및 구·군도 무더위 쉼터 운영, 취약계층 방문 관리 프로그램 운영, 폭염 정보 전달체계 구축, 근로현장 안전점검 등 한시적인 대책에 집중합니다. 본 의원은 해마다 발생 빈도와 강도가 높아지는 폭염 발생 원인에 대한 분석 없이 임시방편적 단기 대책으로는 새로운 폭염에 대응할 수 없을 것으로 판단합니다. 이처럼 경험해 보지 못했던 더위가 한반도를 뒤덮는 원인에 대해 전문가들은 단연 지구온난화에 따른 기후변화를 꼽고 있습니다.

기후위기는 인간 활동으로 배출된 이산화탄소, 메탄, 아황산질소와 같은 온실가스로 인해 나타나고 있으며, 인류와 자연 시스템은 이러한 기후 변화와 밀접하게 연관되어 있습니다. 기후는 인간의 삶은 물론 경제·산업·사회 모든 분야에 영향을 미칩니다. 이에 따라 선진국들은 기후위기를 국민의 일상과 밀접한 복지 차원에서 접근해 사회안전망을 다집니다.

전문가들은 이구동성으로 2030년에 지구온난화로 기온이 1.5℃ 상승하게 되며 해수면의 상승으로 1,000만 명 이상이 피해를 볼 것으로 예상합니다. 기후위기에 따른 대응은 국가적, 전 세계적 공조가 필요한 사안이지만 정부와 마찬가지로 울산시의 대응도 역시 미흡해 보입니다. 여전히 폭염·집중호우 등 재난정책은 시민안전실에서, 기후정책은 환경국에서 다뤄지고 있습니다. 한마디로 정책이 통합적이지 않고 개별적으로 이뤄지고 있습니다.

기후위기 주요 요인인 온실가스 배출량의 85%가 에너지 부문에서 발생하고 있음을 고려할 때, 일자리경제국 등 여러 부서가 함께 협업하는 통합적인 종합정책이 필요합니다. 한편, 기후위기 대응 정책은 많은 예산이 필요하지만 단기간에 큰 성과를 내기 어려운 장기적 과제입니다. 시장님의 관심과 의지가 필요합니다.

기후위기는 환경문제가 아닌 인류의 생존과 직결된다는 문제 인식을 갖고 주요 현안과 온실가스 감축 및 적응을 연계하여 공통 편익을 높이는 전략을 펼쳐 주십시오. 지금 당장 더 적극적으로 대처해야 하며 후손에게 부끄럽지 않은 정책을 펼쳐야 합니다.

시민안전실에서 한시적으로 운영 중인 폭염 대책 등을 조정 및 통합하여 종합적인 기후위기 대응 정책을 수립하시고, 대책의 실행력을 높이기 위해 노력해 줄 것을 당부드립니다.

여천천을 문화와 레저를 즐길 수 있는 친수공간으로

지난 2015년 8월 13일, 1970년대 이후 산업화, 도시화의 영향으로 하천 기능을 상실하고 오염 하천의 상징이었던 여천천을 국비 138억 원, 시비 46억 원, 구비 46억 원 등 총 230억 원의 사업비를 들여 생태하천으로 조성해 준공했습니다.

시민의 품으로 돌아온 여천천은 3년도 채 지나지 않아 '악취와 깔따구'로 시민의 민원 대상이 되기 시작했습니다. 의원으로 당선된 뒤 '깔따구와 악취' 민원 전화에 야밤중에 달려 나간 적도 여러 번 있었습니다.

하천의 구배가 크지 않은 데다 하루 최소 3만 톤 이상의 물이 필요한데 겨우 8천 톤 정도 쏟아붓는 유지수가 부족한 것이 가장 큰 이유입니다. 여기에다 불명수 유입을 제대로 차단하지 못한 것도 한 이유라 봅니다.

그래서 본 의원의 건의에 사업비 총 69억 원(시비 52억 원, 구비 17억 원)을 투입해 2018년부터 2022년 말까지 하류 지역인 여천교~울산항교까지 2.34km에 대하여 '하상 정비'를 하고 있습니다.

또한 '깔따구 제거'를 위한 울산시의 특별조정교부금 15억 원을 받아 2019년 1월부터 2020년 7월까지 3차에 나누어 사업을 시행한 것으로 알고 있습니다.

여천천 하상 정비를 해도 문제는 여전히 남아 있습니다. 본 의원이 지난 제210회 임시회 2차 본회의(2020. 2. 20.) 때 여천천의 근본적인 문제를 해결하기 위해 '애물단지로 전락한 여천천 정화 대책'을 질문한 적이 있습니다. 그때 수질 오염으로 인한 '악취와 깔따구' 제거를 위해서는 '맑은 물 공급'을 확대할 필요가 있다는 걸 역설하면서 시의 계획에 대해 질문을 하였습니다.

울산시는 답변을 통해, '하천이 수용할 수 있는 유량과 공급원이 있는가.', '유지용수 공급의 경제성과 효과적 측면에서 타당한가.' 하는 등 하천 특성과 제반 여건에 기반한 최적의 방안이 무엇인지 우선 검토되어야 한다면서, 남구청이 2020년 말 '여천천 환경관리계획'을 수립 중인 것으로 알고 있다고 했습니다.

계획 내용을 보면 불명수 차단, 하천 준설, 하천 및 유수지 경관 개선, 산책로 및 자전거도로 설치 등으로 되어 있습니다. 이번 환경관리계획이 완료되고 실행된다면 깔따구 제거에도 도움이 되면서 하천 환경 개선에 만족스러운 성과가 있을 것으로 기대됩니다. 사업의 실행 과정에서 시 차원의 지원이 필요하다면 적극 협조한다고 했습니다.

이와 관련해 몇 가지 질문드리겠습니다.

첫째, 지난해 남구청이 용역 의뢰한 보고서를 토대로 시와 남구청이 여천천 환경개선 사업을 협의한 적이 있는지요? 사업계획을 마련했다면 어떠한 내용인지 자세히 밝혀 주시기를 바랍니다.

둘째, 본 의원은 여천천의 '악취와 깔따구' 문제는 유수가 정체되는 구간이나 우수토구 등이 합류되는 구간의 하상에 퇴적된 오니 등을 준설한다고 해서 근본적으로 해결될 문제가 아니라고 봅니다. 여천배수장 저류지 준설 등 환경개선도 되어야 하고 유지수 확보도 꼭 필요합니다.

근본적인 대책이 없다면 지금 하는 준설사업을 몇 년의 시차를 두고 또 해야 할 것입니다. 약 백억 원에 달하는 아까운 주민의 세금을 하천 바닥에 쏟아붓는 어리석은 일을 한다면 주민의 비판에 직면할 것입니다.

본 의원이 제안합니다. 일일 2만 톤에 달하는 오수 유입수의 수질 문제로 방류하지 못하고 있는 '여천배수장' 시설을 개선하여 처리수를 차집해 여천천 상류로 압송 환류하여 유지수로 활용할 수 있는 방안을 검토해 주십시오. 이에 대한 울산시의 입장은 어떠한지요? 혹여 본 의원이 제안하는 방안 이외에 부족한 여천천 유지수 확보에 대한 다른 계획을 하고 있다면 밝혀 주시기를 바랍니다.

셋째, 환경정화를 통하여 '문화와 레저활동 공간'으로 개발하자는 본 의원의 의견에 대한 답변에서 "현재 수립 중인 '여천천 환경관리계획'과 연계하여 환경을 개선하고 다양한 친수 기능을 개발하는 방안을 다각적으로 검토하겠다."고 했습니다. 앞으로 여천천을 어떠한 방향으로 '문화와 레저활동 공간'으로 조성할 계획인지요?

존경하는 송철호 시장님, 여천천을 문화와 레저를 즐길 수 있는 친수 공간으로 조성해 주실 것을 건의드리며 질문을 마칩니다.

울산시의 답변

'여천천을 문화와 레저를 즐길 수 있는 친수공간으로 조성'에 대하여 서면 질문하신 내용에 대해 답변드리겠습니다.

첫째, 남구청에서 수립한 여천천 환경개선 사업과 관련하여 협의한 적이 있는지와 사업계획을 마련했다면 어떠한 내용인지에 대해 답변드리겠습니다.

여천천은 남구 도심지에 위치하고 시민의 친근한 생활 공간의 일부로 중요한 의미를 지니고 있습니다. 여천천의 환경개선과 시민 이용 편익 증진은 현안으로 인식하고 수십 년 전부터 다양한 논의와 사업을 시행해 왔습니다.

최근, 2021년 1월에 남구청에서 여천천에 적정 하천 유지 수량을 확보하여 악취개선 등을 위하여 '여천천 환경개선 사업계획'을 마련하였습니다.

사업계획의 세부 내용은 단기 대책으로 하천 바닥 준설사업을 통해 하천수의 흐름을 원활히 하는 계획과 중기 대책인 여천천 인근에 있는 공업용수를 이용한 유지수를 공급한다는 계획입니다. 또한 장기 대책으로는 순환형 유지수 공급시설 설치와 불명 오염수 유입 차단, 비점오염원 차단 계획 등입니다.

'여천천 환경개선 사업계획' 중 단기 대책인 여천천 하천 바닥 준설 사업에 대해서는 우리 시와 남구 간에 사업계획에 대해 협의한 바 있습니다. 남구청에서 추진하고 있는 준설사업(L=6.0km)은 2019년부터 연차별로 우리 시 예산 75%를 남구에 교부하고 있으며, 내년 5월에 완료할 계획입니다. 준설사업 이외 사업에 대해서는 남구에서 구체적인 사업계획을 수립하여 협의해 오면 시 차원에서 사업비 지원 가능 여부 등을 적극 검토해 나가겠습니다.

둘째, 여천배수장 시설 개선, 처리수 차집, 환류하여 유지수로 활용하는 방안에 대하여 답변드리겠습니다. 우리 시는 생활하수와 빗물을 각각 따로 구분하여 이송·처리하는 분류식 하수도로 운영하고 있으나, 1970년대부터 형성된 남구 신정동, 달동, 삼산동 일대 기존 하수관로 노후, 오접합, 연약지반관로 침하 등으로 인하여 여천천과 여천배수펌프장에 생활하수가 일부 유입되고 있습니다.

그동안 시와 남구에서는 여천천 및 우수관거에 유입되는 생활오수의 완전 차단을 위해 2014년부터 여천천 수계를 5개 구역으로 나누어 단계적으로 하수관로 잘못 접합한 실태조사와 정비공사를 병행하여 4개 구역을 완료하였으며, 올해 12월까지 잔여 1개 구역에 대한 정비공사를 마무리할 계획입니다.

이번 '여천천 수계 하수관로 정비사업' 완료와 함께 여천배수장 일대 상습 침수 및 악취 해소를 위해 남구에서 추진 중인 '달동·삼산동 침수지역 방재시설 설치사업'이 올해 7월 완료되면 생활하수 차단으로 여천천과 여천배수장의 수질이 개선될 것으로 사료됩니다.

셋째, 여천천을 어떠한 방향으로 '문화와 레저활동 공간'으로 조성할 계획인지에 대하여 같이 답변드리겠습니다. 여천천은 남구 도심을 가로지르는 하천으로 조수간만의 영향을 받고 하천의 폭이 좁아 갑자기 많은 비가 올 경우 여천천의 수위가 급격하게 높아져 주변에 홍수 피해가 염려되는 하천입니다.

남구에서는 '여천천 고향의 강 조성사업' 추진 시 이러한 여천천의 지리적·수리적 여건 등을 반영하여 하천수의 흐름에 방해가 적은 시설물인 자전거 도로와 산책로 등을 설치했습니다.

우리 시는 하천법에 따라 하천의 치수, 환경 및 친수 등에 관한 제반 사항 검토와 여천천의 체계적인 정비를 위해 하천기본계획(변경) 용역을 내년에 시행할 예정입니다.

'문화와 레저활동 공간' 조성은 하천기본계획(변경) 용역 수립 시 조성이 필요한 사업에 대해 여천천의 제반 여건 등을 감안하여 남구와 협의한 후 반영 여부를 검토하겠습니다.

애물단지로 전락한 '고향의 강'
여천천 살리기 제언

산업화와 도시화의 영향으로 생활하수로 오염된 여천천은 지난 2015년 8월 13일 '고향의 강 조성' 사업을 통해 도심 생태하천으로 거듭났다. 여천천은 울산대공원에서 시작하여 달리·삼산 도심을 거쳐 울산항에 유입되는 연장 6.27㎞의 도심 하천이다. 하천 주변으로 대단지 아파트가 밀집되어 있어 주민의 친근한 생활공간의 일부로 매우 중요한 가치를 가지고 있다.

하지만, 유지관리 부실로 또다시 여천천이 심하게 오염되어 애물단지로 전락했다. 하천 바닥은 시커먼 물이끼가 잔뜩 끼어 있고, 흐르는 물은 BOD(화학적 산소요구량)가 6ppm 이상 되는 4급수로 전락해 손발을 담글 수조차 없다. 이러하니 썩은 냄새가 나고 늦은 봄부터 가을까지 깔따구(nonbiting midge)가 서식하여 기승을 부리고 있다.

하루살이 깔따구는 엄청난 개체수로 죽으면 곳곳에 수북이 쌓여 주위를 더럽히고, 사람의 몸에 달라붙어 걷거나 자전거를 타는 스포츠 활동 등 야외 생활을 즐길 수 없도록 한다. 심하면 인근 식당과 상점은 물론 심지어 아파트 방충망을 뚫고 방에 들어와 사람을 괴롭히고 벽에 붙어 견딜 수 없는 불쾌감과 생활 불편을 초래하고 있다. 더욱이 깔따구가 최근 급증하고 있는 알레르기성 질환인 기관지 천식, 아토피성 피부염 및 비염을 일으키는 알레르기 원인으로도 작용한다고 한다.

동네를 걸으며 만나는 주민은 이구동성으로 여름철이 아닌데 벌써 깔따구 악취를 걱정한다. 올해도 악취와 깔따구로 잠도 자지 못하고 불결한 환경 속에 생활해야 하느냐고? 그러면서, 여천천을 근본적으로 살리기 위한 대책을 세워달라고 주문한다.

애물단지로 전락한 '고향의 강' 여천천을 이대로 방치해서는 안 된다. 우리가 부러워하는 프랑스 파리의 세느강, 영국 런던의 템즈강을 예로 들지 않더라도, 아름다운 울산의 태화강도 지금의 모습으로 변모하기까지 수많은 세월 고진감래를 겪었다. 산업폐수와 생활하수가 하천으로 방류돼 심각한 생태계 훼손과 환경오염을 겪었다. 오염된 강이라는 오명을 벗기 위해 짧게는 수십 년에서 길게는 수백 년 가까이 하천 수원 관리와 환경정화 운동에 힘썼다. 차츰 생태계가 회복된 하천에는 사라졌던 어류가 되돌아오고 인간과 자연이 조화를 이루는 모습을 되찾게 된 것이다. 도심 하천인 여천천 역시 자연 생태를 품은 매력적인 문화·레저 공간으로 발돋움하기에 충분한 가치가 있다.

그동안 남구청도 손 놓고 있었던 것은 아니다. 여천천을 살리기 위해 유로 폭 조정, 웅덩이 메우기, 수질 개선과 악취 차단을 위한 수생식물 식재, 오염된 일부 하상 퇴적토를 깨끗한 골재로 치환하고, 여름철에는 날마다 방역을 했다.

그러나 그 효과는 일시적이었다. 근본적인 대책이 필요하다. 여름철 방역은 집중적으로 해야겠지만 하천에 흘러 들어오는 생활

하수를 차단하고, 하루 1만 톤에 불과한 유지수를 충분히 필요한 수량을 늘리고, 오염된 하천 바닥은 준설하되 아파트 밀집 지역부터 우선 해야 한다.

문제는 비용을 누가 부담하느냐에 있다. 하천관리 업무는 남구청 위임사무다. 따라서 남구청이 자체적으로 해결해야 한다. 그렇지만 재정난에 허덕이는 남구의 여력만으로는 무리다. 여천천은 남구 주민만 이용하는 곳이 아니라 울산시민이 이용하는 휴식 공간이다. '고향의 강' 여천천을 살리기 위해서는 울산시와 남구가 협력하여 풀어야 한다.

다행히 지난 2월 20일 울산시의회 본회의에서 송철호 시장이 남구가 '여천천 환경관리계획'을 수립 완료하면 시가 협력하겠다는 답변을 했다. 그러면서 총사업비 69억을 투입하여 올해 하반기부터 2022년까지 하상 정비를 하고, 오염의 주원인인 생활하수 차단을 위한 하수관로 정비사업을 2021년까지 완료하겠다고 밝혔다.

또한 남구의 '여천천 환경관리계획'과 연계하여 환경개선과 함께 다양한 친수기능을 개발하는 방안을 다각적으로 검토하겠다고 했다. 여름밤에 음악공연이 펼쳐지고, 청둥오리가 놀고, 어린아이들이 여천천에 첨벙 뛰어들어 물놀이하는 모습을 상상한다.

◆

환경공단설립과
관련하여

　오늘 저는 환경공단설립과 관련하여 몇 가지 질문을 드린다. 울산시가 '직영, 민간 위탁 등으로 분산 관리되고 있는 환경기초시설의 효율적 운영을 위해 환경공단설립을 추진한다'라는 보고를 지난해 환경국 업무보고를 통해 받았다.

　지방자치단체의 공단은 지방공기업법 제5조에 의거 설립하는 법인이나 민간 성격의 사업의 공공성 확보를 위해 설립된 지방공사와는 달리 자치단체의 공공성 업무를 전담한다. 공단은 자치단체가 단독으로 설립할 수 있으며, 주로 시설관리 분야에 집중하고, 자치단체 예산으로만 운영되며, 민간 출자는 허용되지 않는 특수법인이다.

　지금까지 추진 상황을 보면, 2019년 1월에 환경공단설립 추진 방향을 검토하고, 곧바로 5월부터 2020년 1월까지 울산연구원에 환경시설 운영체계 개선 방안 연구 용역을 했다. 숨 가쁘게 2020. 3. 30. (가칭) 울산환경공단 설립 추진계획 보고와 방침을 정했고, 이어서 5월 18일 공단 설립 추진 T/F팀을 구성, 2020년 5월에서 6월 사이 행정안전부와 1차 협의를 한 이후 곧 7월 2일 지방공기업 평가원과 전문기관 타당성 검토를 사전 협의했다.

　　　　　더 나은 울산 새벽을 연다

지방공단은 지방공기업법 제5조에 의해 자치단체가 조례로 설립할 수 있으나 지방공기업법 시행령 제47조 제1항·제4항에 따라 사전에 전문기관으로부터 설립 타당성 검토를 받아야 하며, 타당성 검토에는 사업의 적정성, 수지 분석, 조직 및 인력수요 판단, 주민 복지 및 지역경제와 지방재정에 미치는 영향 등을 포함하여야 한다. 그리고 기존 공기업과 중복 투자 여부, 비효율적인 지방공단 설립을 방지하기 위해 행정안전부와 사전 협의하도록 하고 있다.

자치단체의 공단 설립과 관련해 지방공기업법과 같은 법 시행령에 일정한 설립 절차와 검토사항을 정해두고 있다. 먼저, 설립 방침 결정 전에는 법 제2조 및 제49조에 따라 대상 사업의 성격, 유형 등 내부 검토를 하고, 민간 위탁, 직영, 공사, 공단 설립 등 형태별 추진방안을 비교 분석한다.

사실 가장 의문인 게 설립 방침을 결정하기 전, 이 단계에서 환경공단설립, 위탁하려는 환경시설을 이미 설립해 운영하는 도시공사나 시설공단에 별도의 조직을 신설해 운영을 검토했는가다. 구체적인 사실에 근거해 답변해 주시기 바란다.

다음, 설립 방침 결정 단계로, 설립요건 검토 및 공사나 공단의 형태 결정, 공기업 설립 검토안 마련, 행정안전부 또는 의회 등 관계 기관 의견수렴, 설립추진 기본방침 결정을 하도록 하고 있다. 여기서 울산연구원에서 '환경시설 운영체계 개선연구 용역'을 한 결과 환경공단으로 추진하는 게 바람직하다는 결론이 나왔다고 했다. 이에 전문기관에 환경공단설립 타당성 검토를 위해 용역을 의뢰했다. 전문기관의 용역 결과를 정확하게 알고 싶다.

환경공단설립으로 얻는 편익 ▲경상경비 절감 효과와 규모 ▲주민 복리증진과 실질적인 전문성 효과 ▲민간 영역 침해 정도 및 그 대안 ▲공단의 설립 규모와 공무원 감축 규모 ▲공단 운영에 따른 수지 분석(B/C)값 등에 대해 구체적으로 설명해 주기 바란다. 그리고 의회는 물론 산하의 공사, 공단, 환경시설 위탁기관 등 관계 기관이나 단체와 어느 수준까지 의견을 수렴하고 그 기관의 의견들은 무엇이었는지 알고 싶다.

이어, 설립 타당성 검토단계다. 이 단계는 '설립 타당성 연구 용역 추진' 단계로 대개는 ▲설립 타당성 검토계획 작성 ▲설립 타당성 검토기준 제시 ▲설립 타당성 검토기관과 용역계약 체결 및 용역을 실시하고, 설립 타당성 검토보고서를 확정하는 단계다. 그런데도 이 단계를 뛰어넘으려 한 것인지는 알 수 없으나 사전에 행정안전부와 1차 협의했다. 1차 행정안전부와의 사전 협의 결과를 한 톨의 흘림도 없이 설명 바란다.

본격 설립심의 단계다. 여기서는 대개 주민설명회(공청회) 등 주민 의견을 수렴해야 하고, 행정안전부와는 ▲사업의 적정성 여부 ▲사업별 수지 분석 ▲조직 및 인력의 수요 판단 ▲주민의 복리증진에 미치는 영향 ▲지역경제와 지방재정에 미치는 영향 등을 협의해야 한다. 그리고 설립심의위원회를 구성(민간위원 과반수)하고 '심의 검토기준'을 마련해 위원회에 심의를 구해야 한다. 그런데 전문기관의 설립 타당성 검토가 없었는데 사전에 1차 행정안전부와 협의를 했다. 왜 전문기관의 설립 타당성 조사를 하지 않은 상태에서 협의하였는가?

끝으로 법 제49조, 제56조 내지 제58조에 의거 공단 설립을 위한 '조례제정'과 설립단계로 앞서 진행한 모든 걸 살펴 최종 설립을 결정하고, 설립 조례제정안을 마련해 의회의 의결을 거쳐 정관 등 제 규정을 작성하고, 임원추천위원회 구성, 임원 공모 및 임명한다. 마지막으로 설립등기(자본금 납부 후 3주일 이내)를 하고, 설립해 보고(등기 후 10일 이내)를 하면 공단 설립 절차는 종료된다.

여기서 몇 가지 더 질문한다. 첫째, 앞으로 설립되는 환경공단은 공기업의 경제성과 공공복리 증진(법 제3조 제1항)에 이바지해야 하고, 민간경제를 위축하거나 공정하고 자유로운 경제 질서를 저해하거나 환경을 훼손하지 아니해야 하는데(법 제3조 제2항), 그게 가능할지가 의문이다. 민간 수탁기관의 경영 위기는 불 보듯 뻔한데 이런 반대를 무릅쓰고 설치해야 하는 가치가 있는지 설명해 주기 바란다. 그리고 설립하는 환경공단에 이관하거나 수탁하는 시설의 개요를 말해주기 바란다

둘째, 언론보도에서 행정안전부는 '직영 중인 기존 2개 사업소에서 공단으로 업무 이관 예정인 사업 등에 대한 구체적인 공무원 감축 계획 검토가 필요하다는 의견'을 제시했다. 환경공단의 인력 규모와 공무원 감축 규모가 어떻게 되는지? 지방자치단체가 기존 사업을 공기업에 위탁하고자 할 때는 설립 타당성 검토 용역 발주 때 기존 인력 감축 계획을 수립하고, 용역업체는 감축 계획의 적정성을 검토해야 한다. 위탁업무 관리를 위한 최소 인력을 제외한 나머지 인력은 반드시 감축해야 한다. 또 조직관리 부서에서는 공단 전환에 따른 정원 감축 계획을「지방자치단체의 행정기구와 정원 기준 등에 관한 규정」시행규칙에 따라,「중기 기본인력 운용계획」에 반영하여야 한다. 그 계획을 행정안전부의 지방조직관리부서에서는「중기 기본인력 운용계획」의 적정성을 검토하여 이듬해 총액

인건비 산정 때 조정한다. 이와 관련해 감축해야 하는 공무원에 대한 구체적인 감축 규모와 일정을 밝혀 주시기 바란다. 감축 대상 공무원의 저항도 만만치 않을 텐데 이에 대한 대책은 무엇인지 설명 바란다.

셋째, 자치단체는 지역경제에 많은 책임을 지고, 활성화를 위해 재정을 동원하기도 한다. 환경공단 설립으로 얻는 지역경제 파급효과에 의문이 든다. 공단설립 생산유발효과 분석 및 산출근거, 부가가치 유발효과 분석 및 산출근거, 고용유발 효과 분석 및 산출근거, 산업부문별 총생산액, 투입구조 분석 및 산출근거가 무엇인지 설명해주기 바란다.

더 나은 울산 새벽을 연다

6장

안전이 가장 고귀한 가치

월성원전 방사능 누출
대응 주문과 질문

지난 1월 7일 포항 MBC는 월성원자력발전소의 방사능 누출과 관련한 보도를 했습니다. 이 보도는 최근 한국수력원자력(한수원) 자체 조사 결과를 토대로 한 보도라고 합니다. 원전 관련 정보는 전문적인 데다 공개하는 정보도 제한적이라 국민은 알기가 쉽지 않습니다. 특히 방사능 누출 등 안전사고에 대해서는 제대로 공개한 적이 없는 것으로 알고 있습니다. 방사능 누출은 국민 안전과 직결된 사안이라 원자력안전위원회가 나서서 조사하고 그 결과를 발표해야 하는데도 없습니다.

다만, 방사능 누출 당사자인 한수원 월성원자력 본부가 WHO(세계보건기구)의 음용수 기준(1만 Bq/L) 대비 4.8Bq/L로 아주 미미한 수준이라고 밝히고, 어느 카이스트 친원전 학자는 멸치 1g, 바나나 6개 먹은 정도로 심각하지 않다고 말했습니다. 이 말을 한 원전 학자가 후쿠시마 원전 주변에 살면서 원전 방사능 누출로 인간에 미치는 건강에 대해 연구하는 학자라면 전적으로 그의 말을 믿겠습니다.

이번 방사능 누출에 대해서 우리 시민의 우려가 깊습니다. 따지고 보면 월성원전의 방사능 누출 사고가 나면 가장 먼저 피해를 보는 주민은 원전 인근 주민이겠지만 다음으로는 토함산 너머에 있는 경주 시민보다는 울산 북구 주민입니다.

아시겠지만 월성원전은 우리나라에 유일한 중수로 타입 원전입니다. 나머지 원전은 경수로 타입입니다. 중수로 원전은 체르노빌 이전 기술이라고 알려진 원전기술입니다. 중수로라서 삼중수소가 발전소 내에 항상 존재한다고 합니다. 이번 누출 사고는 굉장히 심각하다고 봅니다. 격납 건물 내부에만 존재해야 할 삼중수소가 외부로 누출된 것이니까요. 격납고는 발전소 외부와 내부를 격리하기 위한 최후의 수단입니다.

원전 활동가들은 어디에서 누출되었는지 찾는 데만 몇 개월 걸릴 것으로 진단합니다. 한수원 측의 해명성 발표는 당사자라서 사실 시민들은 의혹을 떨쳐버리지 못하고 있습니다. 원자력 안전과 관련해 시장님의 권한이 매우 제한적인 줄 알고 있으나 원자력안전위원회와 한국수력원자력㈜ 등 관계 기관의 협력을 통해서라도 시민의 의혹을 해소해 주시기를 바라며, 몇 가지 주문을 곁들여 질문을 드립니다.

첫째, 질문을 드리면서 이런 사고가 나고, 시민이 의혹을 제기하는데 '원전력산업안전과'에서는 이와 관련한 조치가 없다는 데 아쉬움을 느낍니다. 지금도 늦지 않았으니 '한수원'과 '원안위'에 공식적으로 사고 경위 등을 밝혀 달라고 요청해야 합니다. 주민의 의혹 해소를 위해 울산시가 행정적으로 조치한 사안이 있다면 밝혀 주시기를 바랍니다.

조금 늦었지만, 울산시 원자력시설 안전 조례 제6조의 규정에 따라 구성되어 있을 것이라 보는데, 원자력시설 안전 자문단을 소집해 이 문제에 대한 대응에 자문을 구할 의사가 있는지요? 자문이 필요 없다면 그 이유를 구체적으로 밝혀 주시기를 바라며, 자문위원의 자문 의견에 따라 행정적인 조치를 취해 나가기를 주문합니다.

둘째, 지역 시민단체 등은 한국수력원자력 자체 조사 결과 지난해 월성원전 부지 내 10여 곳의 지하수에서 방사성 물질인 삼중수소가 검출됐다고 지적하고 있습니다. 이 중에는 최대 71만3,000베크렐(Bq), 관리기준의 18배에 이르는 삼중수소가 검출됐으나 누출 원인은 확인되지 않았다고 합니다. 삼중수소는 방사성 물질로 유전자 변이 등을 초래하는 것으로 알려진 물질입니다.

울산시는 원전으로부터 특정 목적세인 '지역자원시설세'를 받아 특별회계로 관리하고 있습니다. 이 세금은 원전으로부터 시민의 안전과 건강에 대해 먼저 사용되어야 할 것입니다. 지금 이와 관련 용역비가 별도로 계상되어 편성돼 있지 않다면 예비비로라도 사용해 방재계획에 따라 월성원전 방사능 누출에 따른 '지역 주민 내·외부 인체 오염 상황'에 대한 용역을 해 시민의 불안을 해소할 필요가 있다고 보는데 시장님은 동의하시고 이를 해 주실 수 있습니까?

셋째, 본 의원은 울산시의 자체 '주민들의 건강과 안전'에 대한 용역 착수도 해야 하겠지만 이전에 원자력안전위원회가 사고 조사에 나서도록 요청하고 조사 결과를 명명백백하게 밝혀 달라고 요청할 필요가 있다고 생각합니다. 이에 대해 시장님께 간곡하게 건의 드리오며 조치해 주실 수 있는지요?

더 나은 울산 새벽을 연다

신고리 5·6호기
반대운동을 하면서

지난 13일은 신고리 5·6호기 백지화 캠페인을 시작한 지 30일째 되는 날이었다. 처음 울주군청 앞에서 시작한 캠페인이 최근에는 나의 중요한 일과가 되고 말았다. 오전 7시부터 9시까지는 울주군청 앞, 오후 5시 30분부터 7시까지는 공업탑 로터리 건널목(횡단보도)에서, 하루 두 차례 출퇴근 시간에 맞춰서 하기에 이른 것이다. 사실 공무원으로 재직할 당시에는 탈핵 운동을 주도하고 있는 울산환경운동연합의 일거수일투족이 못마땅해 보여 적대적으로 대하곤 했다. 정부의 각종 정책을 제대로 알지도 못한 채 사사건건 대안 없는 비판이나 하고 어깃장이나 놓는 얼치기 환경단체쯤으로 여기고 그들을 백안시하고 지냈다.

그러던 내가 탈핵 운동에 동참하게 된 것은 마음의 변화를 일으킨 몇 가지 계기가 있어서였다. 2014년 일본 여행 중에 우연히 목격했던 후쿠시마의 참상, 지난해에 5.8, 5.1 규모로 두 차례나 일어났던 울산·경주 지방의 지진, 그리고 얼마 전에 보았던 영화 '판도라'가 그런 계기들이었다. 지난해 명예퇴직을 앞두고 내 발로 울산환경운동연합을 찾아가 회원으로 가입한 것도 바로 그런 이유 때문이었다. 이번에 거리 캠페인에 나서기로 한 것은 울산이 14기의 핵발전소로 둘러싸여 있어 절대 안전하지 않다는 확신이 섰기 때문이다. 더욱이 지난 6월 19일 문재인 대통령의 탈핵 선언에도 불구하고 신고리 5·6호기 백지화를 둘러싼 사회적 논란이 가열되고 있어 시민들에게 핵의 위험성을 알리고 여론을 환기해야겠다는 판단이 섰기 때문이기도 했다.

그동안 보아 온 거리의 다양한 풍경을 소개하겠다. 나는 탈핵 전문가는 아니다. 탈핵에 관한 이런저런 책과 보고서를 읽고, 5주간 탈핵 교육을 받은 게 전부다. 머릿속에는 잡학 수준의 탈핵 지식이 뒤죽박죽 쌓여 있을 뿐이다. 그런 내가 거리 캠페인에 나서면서 수많은 사람과 만나 대화를 나누며 탈핵에 대한 이해를 구하고 있다. 거리에서는 다양한 얼굴의 수많은 사람을 만난다. 이들 중에는 신고리 5·6호기의 백지화에 찬성하는 사람이 있는가 하면, 공정이 30%에 가깝다고 하니 5·6호기는 계속 짓고 탈핵은 다음부터 하자는 사람도 있다. 또 5·6호기 건설뿐 아니라 값싸고 안전한 원전을 계속 지어야 한다고 주장하는 사람도 있다. 신고리 5·6호기 백지화에 찬성하는 사람을 만나면 보람과 힘을 얻기도 하지만, 반대 의견을 가진 사람을 만나면 수양이 덜 돼서 그런지 황당한 모욕감에 치를 떨기도 한다. 거리에서 만난 사람들은 자기와 생각이 다르면 행동이나 태도를 달리한다. 팸플릿을 나눠주면 받아서 천천히 읽고 질문하는 사람이 있는가 하면, 받아서 바로 호주머니나 가방에 넣어 버리는 사람-그래도 이런 사람은 나중에는 읽어 볼 것이다-, 아예 귀찮다며 손사래를 치며 받기를 거부하는 사람, 잠에서 덜 깬 얼굴로 아무 관심 없이 비껴가는 무심한 사람 등 다양한 모습의 얼굴을 대한다.

신고리 5·6호기 백지화에 찬성하는 사람은 거리 캠페인에 대해 아주 호의적이다. 더운 날씨에 고생한다, 음료수라도 마시라며 시원한 냉커피도 전해주는가 하면 사진을 함께 찍고 팸플릿을 나눠 주며 캠페인을 같이 해주고 가기도 한다. 또 캠페인을 그 시간에 하고 있다는 것을 알고서는 멀리서 일부러 찾아와 응원과 격려를 해주고 가는 사람도 있다. 반면에 5·6호기 건설을 옹호하는 대부분의 사람은 매우 공격적이다. "네가 핵발전 전문가냐?" 아니면 "하루 일당 얼마를 받고 캠페인을 하느냐?"고 대드는가 하면, 차 문을 열고 'X' 표시하거나 "미친놈!"이라며 듣기 거북한 욕을 퍼붓고 지나가기도 한다. 하지만 소신에는 변함이 없다. 신고리 5·6호기의 백지화는 우리나라가 탈핵으로 가는 시발점이라고 굳게 믿기 때문이다. 탈핵 정책은 우리 미래세대의 행복을 위해 하는 것이다. 죽음의 불을 끄고 생명의 불을 살리기 위해 백지화 캠페인에 함께 나섰으면 한다.

시민 안전은
원전보다 우선

2017년 6월 19일 낡고 수명 다한 고리 1호기를 영구 폐쇄하는 날, 문재인 대통령은 탈핵 공약을 이행하기 위해 탈핵을 선언했다. 문 대통령은 구체적으로 신규원전 건설 백지화, 노후 원전 수명연장 중단, 건설 공정 28%의 신고리 5·6호기는 사회적 '공론화'를 거쳐 건설 중단 여부를 결정하겠다고 했다. 탈핵을 선언한 이날, 다른 한쪽에서는 거의 완공을 눈앞에 둔 신고리 4호기, 신울진 1·2호기가 건설되고 있다. 사실 고리 1호기 폐쇄로 원전이 줄어드는 것 같지만, 문 대통령 재임 기간 내 오히려 더 많은 원전이 가동에 들어간다. 더구나 고리 1호기가 58.7만kW의 시설 용량에 30년 설계 수명인 데 반해, 건설 중인 것들은 모두 140만kW에 60년짜리다. 그러므로 2084년도가 돼야 탈핵이 완성되는 것이다.

현재 시중에는 공론화에 따라 신고리 5·6호기 백지화 찬반 논란이 뜨겁다. 이젠 안전이 먼저라고 생각한다. 그동안 원전 확대 정책으로 24기 원전이 있고, 13기가 울산을 둘러싸고 있다. 이런 울산에 120만 명이 살고, 석유화학단지, 온산공단, SK, Soil, 현대차, 현대중공업 등 국가의 주요 기간 사업체가 있다. 돌이킬 수 없는 사고 때 피해는 가늠하기조차 어렵다.

지금까지 정부는 원전으로 인한 시민 안전 문제는 애써 외면해 왔다. 원전 사고 은닉과 축소, 지연 발표, 시험성적서 조작, 불량 부품 사용, 종사자의 안일함, 안전 불감증을 대하는 정부가 두렵다. 이제 싸지도 않지만 값싼 에너지라는 달콤함에서 벗어나 이면에 도사린 위험을 직시할 때이다.

박종훈 동국대 원자력 학과 교수는 신고리 5·6호기 건설 시 인구와 원전 밀집을 고려한 잠재적 위험도는 후쿠시마의 41배라고 말한다. 더욱이 신고리와 월성원전 주변에 62개의 활성단층이 있어 더 위험하다고 한다. 지난해 경주지진은 규모 5.8이었는데, 국내 최대 지진 규모 7.5에 비해 원전 내진설계 값은 6.5이다. 경주지진보다 조금 더 큰 지진이 발생할 경우 어떤 재앙이 일어날지 예측할 수 없는 상황이다.

인간은 신이 아니라 실수하며 산다. 원전 사고에 인간의 실수가 더 치명적이다. 실수는 되돌릴 수 없는 재앙이 되어 우리 생명과 재산을 송두리째 빼앗아 간다. 잊힌 핵 재앙으로 불리는 1957년 10월 10일 영국 윈드스케일 원전은 열감지기 고장에 노심이 불타는 사고로 33명이 사망하고 200명 이상이 갑상샘암 진단을 받았다. 1979년 3월 28일 미국 스리마일 사고는 수리원의 실수로 보조 급수기를 작동하지 못해 노심용융 사고가 발생했다. 1986년 4월 26일 과학자 실수로 체르노빌 원전이 폭발했다. 세계보건기구에 의하면 헬리콥터로 상공에서 콘크리트 작업하기 위해 동원된 군인 600명이 대량으로 피폭돼 죽었고, 방사성 물질에 노출된 약 4천 명, 또 상대적으로 적은 양의 방사성 물질에 노출됐다가 사망한 사람은 5천 명으로 추정했다. 2011년 3월 11일 '지진과 쓰나미'로 후쿠시마 원전 사고 났다. 논란은 있지만, 이 사고로 2010년 대비 2012년 뇌출혈은 300%, 소장암은 400% 증가했고, 2013년 백혈병은 군마현에서 310%, 특히 일찍 증상이 나타나는 청소년 갑상샘암은 20~50배 증가했다. 30초만 쐬어도 사망할 방사성 물질은 계속 누출되고 있어 피난민 16만 명 중 20% 정도는 지금도 돌아가지 못하고 있다. 사고 수습은 아직 진행되고 있다.

한편, 우리나라도 3도 이하 사고는 500여 차례 있었다. 돌이킬 수 없는 사고로 이어질 뻔한 사고도 있었다. 2012년 2월 9일 고리 1호기에서 6개의 전기 공급 장치가 고장이 나 12분 동안 아웃된 사고가 있었다. 다행히 예방 점검 중이라 가동 중단된 상태라서 위험을 모면한 것이다. 2016년 2월 9일 큰 사고로 이어질 뻔한 블랙아웃 사고를 숨겨오다 들통난 일도 있다. 우리 생명을 더 이상 운에 맡겨 둘 수는 없다. 원전보다 시민 안전이 먼저다.

더 나은 울산 새벽을 연다

코로나19 방역은
어찌 되어 가고 있습니까?

1년 넘게 지속되어 온 코로나19 사태의 빠른 종식을 위해 하루도 쉬지 못한 채 방역에 수고를 다 하고 계신 송철호 시장님과 직원 여러분께 존경과 응원을 보냅니다.

5월 5일 어린이날, 행사가 취소돼 마땅히 어디 갈 곳도 없는데, 핸드폰의 안전 안내 문자는 여전히 코로나19 폭증을 알리고 있는 가운데 난데없이 핸드폰 저 너머로부터 짜증 썩힌 민원인 목소리가 저를 더 힘들게 합니다. 방역 관계자 여러분도 똑같이 겪고 있을 것이라 짐작합니다. 힘드시겠지만 잘 견뎌 주시길 부탁드립니다.

태화강 공원에 설치한 선별진료소에 검사를 받기 위해 시민들과 줄을 서 차례를 기다리는데 점심시간이 되자 검사 요원들은 모두 자리를 비워둔 채 어디 가고 없어 한 시간째 뜨거운 햇빛 아래 서 있는데 이래도 되냐며? 거칠게 항의를 받았습니다.

지금 코로나19로 모두가 폭발 직전입니다. 저도 그렇고요. 더욱이 사람을 만나 나를 알리고 현장의 목소리를 들어야 하는 생활 정치인으로서 마음 놓고 사람을 만날 수 없는 게 얼마나 힘든지 공무원 여러분들은 모르실 겁니다.

방역 부서 직원들이 1년 넘게 이어지는 코로나19 사태로 하루도 쉬지 못하고 힘들게 근무하고 있다는 점을 알고 있고, 자료 요구나 시정 질문을 될 수 있는 대로 자제를 해야 하는 게 옳다고 여깁니다. 그래서 여러 분이 만류하여 중지한 적도 있습니다.

하지만, 어린이날 하루만이라도 엄마·아빠 손잡고 나들이하고 맘껏 뛰어놀고 어른들부터 건강하고 착하게 자라라는 덕담과 선물도 받고 맛있는 것도 먹고 귀여움을 듬뿍 받아야 하는 아이들을 위해 코로나19 조기 종식을 기원하며 울산시의 코로나19 방역에 대한 의구심 몇 가지를 질문드립니다.

오늘 인터넷 코로나 상황판에서 5월 5일 자 '울산광역시 코로나바이러스감염증-19 현황'을 살펴보니, 신규 지역 확진자 38명, 누적 확진자 2,055명, 사망 38명, 자가 격리 중 4,489명, 격리 해제 31,395명, 검사현황을 보면 검사 중 1,519명, 검사 결과 음성 172,535명으로 나와 있습니다.

누적 확진자 2,055명에 10만 명당 발생률이 179.16명이라고 하는데 광주시는 누적 확진환자 2,445명에 10만 명당 발생률은 167.85명이고, 대전시는 누적 확진환자 1,788명에 10만 명당 발생률은 121.29명이라고 친절하게 알려 줍니다.

상황판이 알려 주는 정보는 지난해 12월 양지요양병원 코호트 이후 지역 코로나19 확진자는 몇 달째 쏟아지면서 걷잡을 수 없는 속도로 번지고 있다는 것입니다. 특히 최근 학교, 병원, 공공기관, 지인 모임 등 다양한 일상 공간을 고리로 한 산발적 감염이 잇따르면서 최근 1주일간(4.28~5.4) 총 283명, 하루 평균 40.4명의 환자가 발생했습니다. 지금 추세대로라면 걷잡을 수 없는 사태로 이어질 것이라 봅니다. 울산시의 힘으로 막아 낼 수 있을까요?

더 나은 울산 새벽을 연다

중앙방역대책본부에서도 제4차 확산으로 이어질 것을 우려해 깊은 관심과 고심을 하고 있습니다. 상황이 악화하다 보니 오늘 울산시는 다중이용시설 종사자 선제검사 행정명령을 발령하고, 5월 14일까지 검사를 권고하면서 사회적 거리 두기를 2단계로 높이고, 특별방역주간을 16일까지 연장하며, 위험 사업장을 점검한다고 발표했습니다.

이와 관련하여 질의를 드리겠습니다.

첫째, 울산의 인력으로 이 사태를 종식할 수 있는지? 역학조사관이나 방역을 기획하고 상황을 총괄하는 직원, 그리고 방역과 예방업무의 일선에서 진료하고 있는 울산 내 의료진으로 충분히 대응 가능한지? 중앙 정부에 도움을 요청한 적 있는지요? 그리고 중앙 방역 기관에서 파견 나온 인력이 있다면 분야별 몇 명이 나와 있는지?

둘째, 지역 곳곳에 퍼진 무증상감염자, 즉 숨은 감염자를 찾아내기 위해 민관협력을 통한 선별진료소를 수십 곳으로 확대 설치되어야 할 것입니다. 광주시는 지금까지 검사자 수가 1,027,818명인데 반해 울산시는 172,535명에 불과합니다. 선별진료소 추가 설치 가능한지? 이와 관련한 대책은 무엇인지?

셋째, 5월 5일에 거리두기 2단계로 격상하고, 특별방역기간을 16일까지 연장하기로 했습니다. 전파력이 높은 변이 바이러스로 확산세가 빠른데 2단계 격상만으로 가능한지? 시민의 인내심도 임계점에 도달해 있습니다. 신속하고 확실한 대응을 위해서는 3단계 발령이 효율적이라 봅니다. 2단계는 미약한 처방이라 보는데 거리두기 3단계로 격상시킬 것을 건의드립니다. 시의 입장은 무엇인지?

넷째, 의료상의 질문으로 신규 확진자 46%가 환자와의 접촉으로 인한 전염이라는데, 그러면 나머지 54%는 어떤 경로를 통해 감염된 것인지? 또 변이 바이러스 비율이 높다고 하는데 얼마나 높고, 특징이 무엇인지? 이에 대한 대책은 무엇인지?

다섯째, 울산의료원이 없고, 의료진과 병상 부족으로 확진자 진료는 인근 도시로 보내 치료하고 있다는 건 알고 있습니다. 우리 시만의 자체 역량으로 대응하기엔 한계가 왔다고 봅니다. 방역 인력도 지쳤습니다. 우리 시가 자체적으로 대응하기엔 의료 인력과 병상이 부족한 현실을 참작하여 차라리 지난해 대구시처럼 질병관리청 차원에서 신속한 대응과 지원을 할 수 있도록 정부에 지원 요청하기를 건의드립니다. 이에 대한 시의 견해는 어떠한지?

더 나은 울산 새벽을 연다

코호트 된 양지요양병원 운영 실태에 대한 질문

　민선 7기 취임 이후 좀처럼 침체의 늪에서 벗어나지 못하는 지역 경제를 건져내고자 이리 뛰고 저리 뛰며 죽을힘 다하고 계시는데, 올해는 난데없이 코로나19가 덮쳐 시민의 안전을 위해 사투를 벌이고 계시는 송철호 시장님의 노고에 감사드립니다. 그리고 공무원 여러분께도 감사드립니다.

　현재, 아랑장고로부터 걷잡을 수 없이 확산한 코로나19는 날이 갈수록 더 어려워지고 있는 것 같아 안타깝습니다. 지금 상황은 2차 확산까지 안정적으로 잘 대응해오면서 긴장의 끈을 놓친 것은 아니었는지? 특히 코호트 한 양지요양병원 안에서 벌어지고 있는 상황은 우리 시의 힘만으로 대응하기엔 한계가 있는 것 아닌지 의문입니다.

　사실, 저의 서면 질문서 하나로 관계 공무원들의 방역 활동에 방해가 되지 않을까, 더 힘들어할까 봐 지금까지 지켜보기만 하면서 격려해 왔는데 오늘은 시민의 대변인으로서 몇 가지 질문을 드리고자 합니다.

　첫째, 질문에 앞서 오늘까지 코로나19 방역 추진 상황을 설명해 주시기 바랍니다. 특히 집단 시설별 현황에 대해서는 세세히 알려

주시기를 바랍니다.

둘째, 지난 15일 청와대 국민청원 홈페이지에는 코호트 격리된 양지요양병원의 열악한 상황을 알리는 '울산 양지요양병원 저희 엄마를 지켜주세요'라는 제목의 글이 게시되었습니다. 글쓴이에 의하면 양지요양병원은 코호트 된 시설이 단순히 '음압병실이 없이 확진자와 비확진자 수용 시설이 층만 나뉘어 관리할 뿐이고, 각 층에서 일하는 의료진도 모두 모여 밥을 먹고 있어 의료진도 확진자가 나왔다'라고 합니다.

이러한 것을 미루어 짐작건대 확진자와 비확진자의 분리, 또 확진 의료인과 비 확진 의료인의 완벽한 동선 분리가 되어야 함에도 코호트 체계 수립의 실패로 판명되는 데 동의하는지? 그렇다면 왜? 이렇게 동선이 분리되지 않게 운영했는지 그 이유가 무엇입니까?

지적하면 아프겠지만, 코호트 설치 운영 계획 미흡, 확진환자의 이송 체계에 대한 계획 부족, 요양병원의 의료진과 종사자의 감염병 대처에 대한 교육 부족 등 한마디로 방역 대응이 총체적으로 실패한 것이라 봅니다.

지금이라도 요양병원 내 의료 인력에 대한 지원과 대체 인력 수급 방안을 마련하고, 외부 전문가와 병원 의료진 간의 지속적 협조와 조언 체계 구축, 민간병원 활용 방안, 감염병지원단과 공공의료지원단 등 모든 역량을 모아서 대처해야 할 것입니다. 현재 코호트 된 양지요양병원의 실상과 앞으로의 운영 계획에 관해 설명해 주시기 바랍니다.

셋째, 지난 시의회 본회의에서 '공공병원' 설립 추진 의사를 밝히셨는데, '공공병원' 설립의지가 확고한지요? 설립에 대해 방점을 두

고 추진하신다면 지금까지 준비해 오신 과정, 그리고 어떤 행정절
차를 거쳐 언제쯤 착공하고 개원하실 계획인지 설명해 주시기 바
랍니다.

◆

코로나19로 인한 지역 소상공인의
피해 최소화를 위한 대책

신종 코로나바이러스(이하 '코로나19')로 인한 '불안과 공포'가 지역 경제를 어렵게 하고 있습니다. 정치인들과 언론이 과도한 '불안과 공포'를 조장했습니다. 물론 백 번 주의해서 나쁠 것은 없습니다. 이로 인한 경제적 손실은 눈덩이처럼 커져만 가고 있습니다. 결국 그 피해는 고스란히 시민들에게 돌아왔습니다.

지난 2월 4일부터 일주일 간, 소상공인연합회가 전국 소상공인 1,096명을 대상으로 매출 변동에 대한 온라인 설문조사를 했습니다. 조사 결과, 매출액이 매우 감소했다가 67.1%, 매출액이 감소했다가 30.8%로 나타났습니다. 지역 소상공인을 조사해도 이와 별반 다르지 않을 것입니다.

회복되어 가던 지역 경제가 큰 타격을 입고 있습니다. 현대자동차가 잠시 멈췄고, 하청업체도 멈췄습니다. 소상공인은 더 어렵습니다. 지금 당장 영화관, 목욕탕, 대형마트나 신정시장, 여행사, 음식점에 들러보십시오. 예전에 붐비던 곳이 썰렁합니다. 어둠이 내릴 무렵 살고 있는 동네에 나가 보십시오. 적막강산입니다. 이러니 소상공인들이 죽겠다고 아우성칩니다.

본 의원은 '코로나19'로 인한 소상공인 피해 최소화를 위한 울산

더 나은 울산 새벽을 연다

시의 대책 추진에 대한 질문을 드립니다. 지금부터 시가 해야 할 일은 자명합니다. 물론 방역과 예방 활동에 대한 긴장을 늦출 수 없지만 '예산과 행정'을 집중적으로 투입해 얼어붙은 소비심리 회복에 나서야 합니다.

첫째, 질문에 앞서 지금껏 '코로나19' 대응 '방역 추진 상황'을 먼저 설명해 주시기 바랍니다.

둘째, 일전에 시장님이 버스에 타서 손 세정제 사용을 안내하며, 승객들과 대화하시는 걸 본 적이 있습니다. 바로 그것입니다. 과도한 불안과 공포심을 잠재울 수 있도록 시장을 비롯한 간부 공무원, 공사·공단 임원, 나아가 지역의 지도층 인사들이 재래시장과 마트 이용, 영화관 관람, 단체 회식을 하면서 시민들과 스킨십을 늘려 갈 필요가 있다고 봅니다. '불안과 공포'를 잠재울 수 있도록 시민과의 스킨십을 늘려갈 계획이 있는지 밝혀주십시오?

셋째, 시의 예비비는 어디에 쓰려고 아끼고 있습니까? '코로나19'는 사회재난입니다. 방역은 시민의 생명을 지키는 일입니다. 예비비를 풀어 선제적으로, 철저하게 방역해야 합니다. 부족한 방역 장비가 있다면 구입하고, 부족한 방역 인력은 사역하십시오. 그리하여 재래시장, 대형마트, 대합실, 승강장, 공연장, 경로당, 어린이집, 유치원, 학교, 공중화장실, 골목길 등등 사람이 모이는 곳이면 모자람 없이 넘쳐나도록 방역해 주십시오.

오늘 대구에서 31번째로 확진자가 나왔습니다. 만약 오늘 당장 우리 시 관내에서 확진자가 나올 때 물샐틈없는 방역이 가능한지요? 확진자 동선에서 마주친 시민들을 위한 격리시설 지정과 규모 현황, 대응 방역 대책을 밝혀주시기 바랍니다.

그리고 구·군에 재난기금으로 6억 원을 지원한 것으로 보고 받았습니다. 시와 구·군이 어려움을 함께 이겨나가야 합니다. 가뜩이나 어려운데 '코로나19' 대응을 위한 대책을 추진해야 하니 재정이 더 어렵다고 합니다. 시도 어렵지만, 재정난으로 허덕이는 구·군에 특별교부금을 지원해 줄 수 없는지요?

넷째, 지난 12일 정부도 방역 조치를 충분히 병행하면 축제나 행사를 추진해도 된다는 권고가 나왔습니다. 다행히 울산에서는 단 한 명의 확진자도 발생하지 않았습니다. 불안과 공포로 위축될 필요는 없습니다.

시민의 안전을 최우선으로 생각해야지만 소비심리 위축으로 지역경제가 어려워지고 있는 것을 보고만 있을 수 없습니다. 올해 계획된 각종 행사, 축제를 진행해 주십시오. 각종 계획된 축제나 행사를 어떻게 할 계획인지 밝혀주시기를 바랍니다.

다섯째, 물론 시가 지역 경제 활성화 대책을 마련해 시행하고 있는 것으로 알고 있습니다. 중소기업 청년 1인당 100만 원의 행복지원금, 소상공인의 경영안정을 위해 1,200억 원을 긴급히 풀었고, 울산페이도 3,100억 원으로 늘리고, 'ONE 테이블 ONE 플라워' 캠페인도 진행 중인 것으로 알고 있습니다.

여기에 덧붙여, 정책의 실효성을 높이기 위한 '지원신청 요건'을 낮추고, 위생, 환경점검이나 단속을 유예하거나 축소하여 주십시오. 어려운 소상공인들을 찾아가 상담하고, 더 홍보하여 빠짐없이 이용할 수 있도록 해야 할 것입니다. 이와 관련하여 소상공인 지원 정책의 홍보와 실효성을 높일 계획을 밝혀주시기 바랍니다.

더 나은 울산 새벽을 연다

◆

코로나19 피해
지원기준 완화 필요

오늘은 코로나19 피해 지원기준을 좀 더 완화해 줄 것을 건의드리고자 합니다. IMF는 최근 보고서에서 코로나19 사태로 올해 세계 경제 성장률 전망치를 -3%로 하향 조정했고, 우리나라도 -1.2%를 기록할 것으로 예측했습니다.

또 지난 19일 통계청에 의하면, 지난달 임시·일용직 취업자는 549만5천 명으로, 1년 전보다 59만3천 명 줄어들었습니다. 감소 폭은 1989년 1월 임금근로자의 종사상 지위별 취업자 통계를 집계한 이래 가장 컸다고 합니다.

우리 지역 경제지표도 최악의 침체를 가리키고 있습니다. 이번 선거 기간에 만난 시민들은 이대로는 더 이상 버틸 수 없다, 지역 경제를 살려내고 일자리를 달라고 호소하였습니다. 다행히 시장님께서 지난 7일 사회안전망 사각지대에 있는 근로자와 소상공인 지원을 위한 '울산형 코로나19 경제 대응 사업'을 발표하셨습니다. 여간 반가운 소식이 아니었습니다.

다만, 기준을 좀 더 완화해 지원을 확대해 줄 것을 건의드립니다.

먼저, 일자리 사업 특별지원에 대해 건의드립니다. 시장님께서는 "정부 지원사업은 대부분 법적 테두리 안에 있는 대상자를 위한 지원시책"이라면서, "중앙부처의 각종 지원을 받지 못하고 사회안전망 사각지대에 있는 '근로자와 소상공인 지원'을 위한 울산형 코로나19 경제 대응 사업"이라고 하셨습니다. 사회적 거리두기로 회식, 공연, 전시, 행사 등이 사라졌습니다. 사실 우리 시가 이들을 돕기 위해 마련한 일자리 사업은 일부에서는 그림의 떡이라고 합니다. 신청자 요건에 맞는 구비서류를 발급받지 못하는가 하면, 소득 기준을 건강보험으로 하다 보니 산정요건이 현실에 맞지 않아 신청 창구에서 발길을 돌리고 있습니다.

몇 가지 사례를 들면, 1인 가구주로 연극 예술을 하고 있는 연극인은 소유하고 있는 차량으로 인해 보험 기준 29,273원을 넘어 신청을 포기했다고 합니다. 생계가 어려운 예술인이 안전망을 넘지 못하고 있는 게 현실입니다. 시장님, 지원 사각지대에 놓여 있는 이들에게 문턱을 조금 더 낮춰 주실 것을 건의합니다.

다음, 소상공인 지원사업에 대해 건의드립니다. 공업탑 주변 어느 소상공인은 집세도 못 내고 더 이상 버틸 힘이 없다며 가족처럼 지낸 종업원을 내보내야 한다며 하염없이 눈물을 보였습니다. 우리 시는 이런 소상공인 지원을 위해 총 100억 원 예산으로 10,000개 업소를 선정, 업체당 100만 원씩 지원하는 사업을 하고 있습니다. 하지만 많은 상공인이 신청을 포기하고 있습니다. 전년도 매출 규모 1억 원으로 인해 신청에서 스스로 배제당하고 있습니다.

재원의 한계이긴 하지만 지원대상이 너무 협소합니다. 정부 지원 기준은 연 매출 1억 원이 아니라 2019년 1월 1일~3월 31일 매출과 2020년 1월 1일~3월 31일의 매출을 비교하여 10% 이상 감소하였다는 것을 증명하는 것입니다. 사실 카드사용이 일상화됨으로써 웬만한 골목 소상공인도 매출 1억 원은 넘습니다. 이러니 지원시책은 빛 좋은 개살구라 빗대 욕하는 것입니다.

또 학교 앞 문방구점은 신청요건이 안 돼 신청을 할 수가 없습니다. 매출액 감소율이 올해 1월 대비 3월 매출이 60%라야 하는데 전년도 매출 1억 원 요건이 충족된다고 해도 전년 12월 말부터 1월 말까지는 방학이라 1월은 매출이 전혀 없습니다. 3월 매출로 비교할 수 없다 보니 신청이 안 되는 것입니다.

이들 소상공인도 지원을 받을 수 있게 2020년 1월 1일~4월 30일의 매출을 비교하여 전년 동기보다 10% 이상 매출이 감소했다면 신청 가능토록 지원기준을 완화해 주시기 바랍니다.

또 문방구점 같은 업종별 특성을 고려하여 지원 대상자를 섬세하게 규정하여 주시기 바랍니다.

끝으로 상업용, 사무용으로 공유재산을 임차한 중소기업과 소상공인을 대상으로 올해 1월부터 6월까지 한시적으로 임대료 50%를 감면하는 시책과 성과 달성 여부를 떠나 10년간 7조3,143억 원을 투입해 코로나19 이후 '울산형 뉴딜'을 추진하시겠다는 계획은 높이 평가합니다.

포스트코로나, 뉴 노멀시대
대응과 준비를 주문합니다

4월 초부터 코로나19 감염병은 현저히 약화되고, 점차 수그러지는 추세를 보이다, 이태원 클럽 사건으로 인해 다시 확진자가 늘어나고 있지만 우리 시는 다행히 안정적인 흐름을 보이고 있습니다.

그런데도 꽃과 신록의 유혹은 날로 짙어지고, 겨우내 눌려 지내던 시민들이 일상으로 돌아가려고 들썩이고 있습니다. 그러나 생활 방역을 소홀히 할 때 감염병이 또다시 폭발할까 봐 걱정이 됩니다. 방역부서에서는 긴장을 늦추지 마시고, 종식 선언을 할 때까지 최선을 다해주시기 바랍니다. 코로나19 극복을 위해 달려온 지난 몇 달을 돌아보면, 중앙 정부가 곧 국가 전부는 아니었던 것 같습니다.

코로나19로 지방자치제의 진가를 봤습니다. 중앙 정부보다 기민하게 시민의 삶 속 깊숙이 들어와 도움의 손길을 내미는 지방자치단체의 풀뿌리 자치 역량을 맘껏 향유했습니다. 문재인 대통령도 깊은 공감을 표명한 전주시 시책은 가장 깊게 제 기억 속에 남아있습니다. 전국 최초로 시작된 '착한 임대료 운동', 서민의 생계지원을 위한 '재난 기본소득', 일자리를 지키려는 '해고 없는 도시 상생선언'은 탁월한 정책이었습니다.

이외에 경남의 재난 기본소득, 경기도의 신천지 대응 방역 및 경

더 나은 울산 새벽을 연다

제방역 대책, 서울시의 무상 마스크 보급과 입국자 자가 격리, 인천시의 드라이브스루 선별진료소, 고양시의 안심카(Car) 선별진료소 운영 등도 모범적인 행정이라 봅니다.

우리 시도 이에 못지않게 자랑할 게 많습니다. 한날한시에 전방위적으로 시행한 매주 '수요일 시민 방역의 날', 공유재산 임대료 6개월 반값 에누리 정책, 울산도서관의 '북 드라이브스루', 이상옥 의원의 제안으로 광역단체 가운데 전국 최초로 도입한 '책값 반환제' 운영은 높이 평가할만합니다.

이런 노력이 헛되지 않아 지역의 확진자는 44명, 사망은 1명에 그치고, 벌써 57일째 지역 내 감염자가 발생하지 않는 성과를 내고 있습니다. 한편, 교육청의 '학생 재난지원금', 재래시장에 주문·생산한 학생용 면 마스크 정책은 목마른 대지에 단비와도 같은 효과를 거두고 있습니다.

하지만 옥의 티랄까 미진한 부문도 있습니다. 제가 요청해 받아본 보고서에 의하면, 코로나19로 피해를 본 소상공인 지원과 일자리 특별지원 정책, '울산형 코로나19 경제 대응 사업'은 성과가 부진합니다.

존경하는 송철호 시장님, 간곡하게 건의드립니다.

남은 예산은 불용처리하시지 마시고 지원 문턱을 좀 더 낮춰 예산이 다 소진할 때까지, 알뜰히 피해 업체를 찾아 지원해 주실 것을 건의드립니다. 그리고 시장님을 비롯한 공무원 여러분, 시민들은 어려울 때일수록 더 간절하게 여러분의 손길을 기다립니다.

이성만 있고 눈물이 없는 정책은 실패할 수 있습니다. 좀 더, 머리보다 가슴을 열고 시민들에게 다가가 주십시오.

7장

옥동 신사, 풀뿌리 민주주의 대변인

(옥동 신정4동 지역 현안 해소)

옥동 군부대
이전 촉구

본 의원은 오늘, 지난 50여 년간 옥동에 자리하면서 지역발전을 가로막고 있는 '옥동 군부대(127연대)' 이전을 촉구하고자 이 자리에 섰습니다.

지난 5월 14일 '울산시와 국방부는 남구 옥동 233-4번지 일대 옥동 군부대 이전 사업의 첫 실무협의회를 열고 그동안 최대 쟁점이던 군부대 이전 방식에 대해 '기부 대 양여' 방식으로 추진하는 것이 합리적이라는 데 공통된 의견을 모아 군부대 이전이 급물살을 탈 전망이다'라는 언론 보도를 접했습니다. 듣던 중 반가운 소식이었습니다.

그러나 한편으로는 옥동 군부대 이전은 지방선거는 물론 국회의원 선거 때마다 끊임없이 공약으로 등장하였기 때문에 이번에도 선거용으로 반짝 등장했다가 흐지부지되는 것은 아닌지 걱정이 됩니다. 다행히 울산시와 국방부가 공동협의체 형식의 TF팀을 구성해 실무협의에 나서고 있어 크게 기대하고 있습니다. 군부대 이전은 옥동 주민의 숙원입니다. 군부대로 인한 규제는 지난 50여 년간 지역 발전을 가로막아 왔습니다. 따라서 주민은 끊임없이 군부대 이전을 촉구하고 있습니다.

더 나은 울산 새벽을 연다

현재, 옥동은 인구도 줄고 노령화되고 있습니다. 한때 10학급 이상 모집하던 관내 초등학교도 최근 2~3학급 모집에 그치고 있고, 학령기 아동 수 급감으로 인근 학원가도 침체를 겪고 있으며, 울주군청 이전으로 상권 또한 직격탄을 맞아 지역 경기는 매우 어려운 상황에 처해 있습니다. 이러한 지역 현실을 감안하여 군부대를 이전하고 그 부지에 청년주택, 보금자리주택 등을 건립하여 젊은 인구를 유입시키고, 문화 및 복지시설이 마련된다면 공공서비스의 질이 향상되고 일자리가 창출되는 등 지역 경제 활성화의 활로를 찾을 수 있을 것입니다.

이에 옥동 군부대 이전과 관련한 몇 가지를 질의코자 합니다.

첫째, 옥동 군부대의 신속한 이전 필요성에 동감하고 울산시와 국방부 실무협의회가 마련한 '기부 대 양여' 이전 방식에 동의하시는지 궁금합니다.

둘째, '기부 대 양여' 이전 방식에 동의하신다면 옥동 군부대 이전을 언제 시작해서 마무리 지으실 것인지, 구체적인 이행 계획에 대하여 답변해 주시기 바랍니다.

셋째, 군부대 이전과 함께 인근 은월마을도 동시에 개발할 의사가 있으신지 궁금합니다. 혹시 개발된다면 어떤 방식으로 추진할 것인지도 말씀해 주시기 바랍니다.

넷째, 옥동 주민은 군부대 부지 10만3,000㎡ 중 66,000㎡는 청년주택, 보금자리 주택으로 개발하고, 나머지 37,000㎡는 문화, 복지시설로 개발되기를 바라고 있습니다. 부지 이용 계획은 무엇인지 말씀해 주십시오.

끝으로, 옥동 군부대 이전은 옥동 주민뿐 아니라 시민의 오랜 숙원입니다. 시민의 열망이 헛되지 않게 신속히 이전을 추진하여 주실 것을 부탁드리며, 이상 시정 질의를 마치도록 하겠습니다.

울산시 답변

(199회/1차) 답변자 : 울산광역시장 작성일 : 2018-09-05

옥동 군부대 이전과 관련하여 최근 언론을 통해서도 거론된 바 있습니다만, 우리 시와 시의회 그리고 국방부가 공동으로 해결해 나가야 할 과제로 인식되는 본 사안에 대하여 관심을 가져주시는 손종학 의원님께 다시 한번 감사드리며 질문하신 내용에 대하여 답변드리겠습니다.

첫째, 옥동 군부대의 신속한 이전 필요성과 함께 울산시와 국방부 실무협의체가 마련한 '기부 대 양여' 방식의 동의 여부에 대한 질문에 답변드리겠습니다. 우리 시는 군부대의 신속한 이전을 위하여 올해 2월에 국방부와 군관 공동협의체를 구성하였으며, 5월에 실무협의체 1차 회의를 추진한 바 있습니다. 본 실무협의체 회의에서 우리 시와 국방부는 옥동 군부대 이전을 '기부 대 양여' 방식으로 추진하는 데 의견을 같이했으며, 앞으로 우리 시에서는 이를 통하여 군부대 이전 논의를 좀 더 적극적으로 진행할 필요가 있다는 말씀을 드립니다.

둘째, '기부 대 양여' 방식으로 옥동 군부대 이전이 추진되는 것을 전제로 할 때 구체적인 추진계획을 질문한 내용에 대하여 답변을 드리겠습니다. 군부대 이전은 순수한 국방부의 업무이며 우리 시는 국방부에 군부대의 이전을 요구하는 입장으로서 우리 시가 군부대 이전의 구체적인 계획을 말씀드리기는 어려운 실정입니다. 다만, 우리 시에서는 금년도 제2회 추가경정 예산안에 옥동 군부대의 이전 추진을 위하여 2억5천만 원의 용역비를 요구해 놓고 있으며, 본 용역의 성과를 바탕으로 내년 말부터 국방부와 본격적인 옥동 군부대 이전 협의를 진행할 계획입니다.

셋째, 군부대 이전과 함께 인근 은월마을도 동시에 개발할 의사가 있는지에 대하여 답변을 드리겠습니다. 은월마을은 지난 2007년부터 최근까지 10여 차례에 걸쳐 지역주민이 공동주택 건립을 목적으로 지구단위계획의 변경을 요구해 오고 있으나, 국토교통부의 지구단위계획 수립 지침상 택지개발사업을 통하여 조성된 부지는 택지개발 완료 시의 토지이용계획을 유지하도록 하는 게 현실입니다. 따라서 군부대의 이전 문제와 은월마을의 개발은 별개의 사안이라고 판단되며, 다만 우리 시가 옥동 군부대 이전 부지에 대한 개발구상 마련 시에 군부대로 인한 옥동지역 동서 간의 지역단절 등을 완화할 수 있는 기반시설의 확충 및 연계 방안은 검토할 수 있겠으나 은월마을에 대한 개발을 함께 추진하기는 어렵다는 말씀을 드립니다.

넷째, 옥동주민이 군부대 부지에 대하여 청년임대주택, 보금자리주택 및 다양한 문화시설을 희망하고 있는 사항에 대하여 우리 시의 계획을 답변드리겠습니다. 옥동 군부대 이전과 관련한 국방부와의 협의가 원활히 진행되면 우리 시는 관련 전문가와 지역주민의 의견을 폭넓게 수렴하여 부지 활용 방안을 마련할 것인데, 미리 현 단계에서 구체적인 시설 배치를 논의할 사항은 아니라고 생각합니다. 우리 시는 옥동 군부대 이전이 조속히 추진될 수 있도록 국방부와의 협의에 최선을 다하겠으며, 시의회에서도 적극적인 관심과 협조를 당부드리며, 손종학 의원님의 질문에 대한 답변을 마칩니다.

더 나은 울산 새벽을 연다

◆

옥동 군부대 이전은
차질 없이 추진되고 있습니까

지역 주민은 울산시가 지역발전에 크게 이바지할 수 있는 군부대 이전이나 옛 군청 부지의 복합개발 등 여러 현안 사업 추진에 고마워하고 있다는 걸 전하면서 지역 의원으로서 감사하다는 말씀드립니다.

따지고 보면, 옥동을 '울산의 옥동'이라 치켜올리면서도 자연부락 상태인 옥동은 30여 년 전 주택지로 개발된 이후 울산시가 주민 복리증진을 위해 예산을 들여 이렇다 할 사업을 한 적이 없는 동네입니다. 주변에 노인복지관조차 없는 곳입니다. 시민의 사랑을 받는 '울산대공원'도 사실 SK이노베이션이 개발해 기부한 시설이지 않습니까?

이러하다 보니, 주민은 노후화된 주거환경 개선부터 복리증진 시설에 대한 기대가 매우 높습니다. 그런 차에 송철호 시장님께서 계획하여 추진하고 있는 군부대 이전 등 옥동의 여러 현안 사업에 대해 환영과 아울러 추진 상황에 깊은 관심을 갖고 지켜보고 있습니다. 하지만 주민은 울산시가 지역발전을 앞당길 수 있는 군부대 이전 등 현안 사업들에 대한 언론 보도 이후 이렇다 할 움직임이 없자 그 사유에 대해 무척 궁금해하고 있습니다. 지난 재선거 기간 중에 제가 만난 주민의 관심도 군부대 이전 사업 추진에 대한 것이 가장 높았습니다.

잘 아시겠지만, 군부대 이전은 수십 년 묵은 옥동 주민들의 숙원 사업입니다. 그동안 여러 정치인이 이전을 약속했지만 실현되지 못했습니다. 그런 차에 송철호 시장님께서 이전을 추진하시고 있어 여간 반가운 게 아닙니다.

더욱이, 제가 군부대 이전 이후 부지 활용 방안에 대한 질문과 답변에서 시장님께서 "민간매각보다는 공영개발이 필요하다는 의견에 대하여 시도 공감하고 있으며, 향후 국방부와 협의한 후 군사 시설 이전이 완료되면 종전 부지는 공영개발을 통해 도로·공원 등 공공시설과 택지 및 주민 편익 시설을 확충하여 도심에 새로운 활력을 불어넣도록 하겠다."라는 답변을 해 더욱 기대가 높습니다.

그런데 지난 2020년 12월 16일 언론 보도에서 '울산 옥동 군부대 이전작업 속도 붙는다. 울산시는 중앙도시계획 심의위원회의 본심의 전에 이전 대상지 인근 주민을 대상으로 설명회를 여는 등 관련 절차를 차근차근 이행하기로 했다.'라는 내용을 봤으나 언론 보도 이후 이렇다 할 움직임 없이 군부대 이전 소식은 언론에서 사라졌습니다. 여기다가, 울산시의 이전에 대한 공식적인 발표가 없어 더욱 그 이유에 대해 궁금해하고 있습니다. 주민이 저를 통해 옥동 군부대 이전사업에 대해 알고 싶어하는 몇 가지 질문을 드립니다. 울산시의 명확한 추진 계획과 추진 상황에 대해 성실한 답변 부탁드립니다.

첫째, 옥동 군부대 이전은 하는지요? 이전한다면 언제이며, 구체

더 나은 울산 새벽을 연다

적인 일정과 계획을 밝혀주십시오.

둘째, 이전한다면 군부대 부지는 언제부터 개발하여 완공할 계획인지요?

셋째, 옥동 군부대의 기존부지 개발은 공영개발할 계획인데, 울산시 도시공사가 맡아 할 것인지요? 아니면 공모를 통한 민간개발업체를 선정해서 하는 개발방식으로 갈 것인지요?

넷째, 지난해 11월 26일 본 의원의 질의에 대한 답변에서 "옥동 군부대와 접한 지역의 열악한 도로 여건을 고려하여 우리 시는 군부대 개발계획 수립 시 동·서간 연결도로의 신설과 남·북방향 도로 확충을 검토하고, 군사시설 이전 부지인 특수성과 시민의 주거 안정을 고려하여 일정 규모의 공공주택 건립을 검토하고 있으며, 시민들의 편익 향상과 인근 주민의 주차 불편 해소를 위해 공공문화시설, 주차장 신설을 검토하고 있다"는 답변을 하셨는데, 구체적인 계획안이 마련되었습니까? 아니면 활용 방안을 마련하기 위한 용역을 하고 있는지요?

다섯째, 이전 예정지로 알려진 청량읍 지역주민이 반대하고 있습니다. 반대하고 있는 주민의 이해와 설득을 하고 있고, 그 대책은 있는지요?

여섯째, 이외에 군부대 주변 은월마을이 '2종일반주거지'인데도 '지구단위계획'상 '단독주택지'로 지정돼 있습니다. 주민들은 30여 년간 재산권 침해는 물론 수익권을 박탈당하고 있다고 주장합니다.

이제 군부대가 이전해 간다면 주변 환경이 변하니 구태여 저밀도 단독주택지로 묶어둘 필요가 없다고 생각합니다. 지역의 발전을 위해서, 주민의 민원 해소를 위해서 단독주택지 해제를 건의합니다. 또한 주민이 받아들일 수 있는 은월마을 개발에 대한 현명한 방법을 함께 제시해 주시기 바랍니다.

일곱째, 옥동 옛 군청 부지의 복합개발과 관련하여 지난 3월 15일 주민 간담회에서 인근 동성파크 주민의 안전에 대한 불안 해소를 위하여 군청 건물 철거 이전에 앞서 지질조사 및 동성파크의 구조안전성을 조사하기로 약속했는데, 진행 상황과 옛 군청 부지의 복합건물 착공과 완공에 대한 일정 계획을 말씀해 주시기 바랍니다.

울산시 답변

(221회/2차) 답변자 : 울산광역시장 작성일 : 2021-05-06

옥동 군부대 이전은 차질없이 추진되고 있는지에 대한 의원님의 질문에 답변드리겠습니다.

첫째, 옥동 군부대 이전사업 추진현황과 계획에 대하여 답변드리겠습니다. 우리 시는 군부대 개발 기본구상 및 사업 시행 전략 계획(안)을 수립하여 국방부와 사전협의를 거쳐 2021년 2월 '군사시설 이전 건의 및 협의 요청서'를 국방부에 제출하였으며, 2021년 4월 26일 국방부로부터 「국방·군사시설 사업에 관한 법률」에 따른 '기부 대 양여 사업 협의 진행' 승인을 통보받고, 현재 군사시설 이전 협의 주관기관인 국방시설본부와 실무협의를 시작하는 등 원활히 사업을 추진하고 있으며, 2021년 12월까지 합의각서(안)에 대한 승인 요청을 목표로 하고 있습니다.

둘째, 기존 옥동 군부대 개발 시기에 대한 답변입니다. 기존 옥동 군부대 개발은 합의각서에 대한 국방부 승인 및 협약체결과 대체 군사시설 이전사업이 종료된 이후 본격적으로 가능하므로, 이전 사업의 완료 시기에 따라 옥동 군부대 개발 시기가 달라질 수 있어 아직은 구체적인 일정을 말씀드리기 어렵습니다. 다만, 시민의 기대가 큰 만큼 옥동 군부대의 토지이용계획에 대한 주민의 의견수렴 절차를 거쳐 개발계획(안)을 수립하고, 이전부대에 대하여는 내년부터 본격적으로 실시설계용역을 추진할 계획입니다.

셋째 및 넷째로 질문하신 옥동 군부대의 개발방식 및 도로 등 기반시설 계획에 대하여 함께 답변을 드리겠습니다. 우리 시는 옥동 군부대에 대하여 공영개발을 통해 도로·공원 등 공공시설과 택지 및 주민 편익 시설을 확충하여 도심에 새로운 활력을 불어넣을 계획이며, 민간개발 방식은 고려하고 있지 않습니다. 특히, 의원님께서 언급하신 동·서 간 연결도로 및 남·북 간 연결도로 신설을 사업계획에 포함해 시민들의 편익 향상과 주변 지역 정주 여건을 개선할 계획입니다.

다섯째, 군부대 이전지역 민원에 대한 답변을 드리겠습니다. 군부대 이전 예정지인 청량읍 주민들의 반대 민원이 일부 있는 것은 사실입니다. 그러나 옥동 군부대 이전사업은「국방개혁 2.0」에 따른 국책 사업인 만큼 주민들께 그 중요성을 충분히 설명해 드리고, 지속적인 주민 면담을 통해 공감대를 형성하고 소통함으로써 조속한 시일 내 원만히 사업을 추진할 수 있도록 최선의 노력을 다하고 있습니다.

여섯째, 옥동 은월마을에 대한 지구단위계획 변경 및 개발에 대한 방법제시 요청 사항에 대하여 답변드리겠습니다. 옥동택지지구 내 은월마을은 택지개발이 완료된 지역으로서 관련 법상 기존 기반시설 및 주변 환경에 적합하도록 과도한 재건축을 지양하고 사업이 완료된 때의 현황을 유지하도록 규정하고 있어, 단독주택용지를 공동주택용지로 변경하는 지구단위계획의 변경은 현실적으로 어려운 사항임을 이해하여 주시기 바랍니다. 다만, 「2030년 울산광역시 도시·주거환경정비기본계획」상 주민 제안 방식으로 절차를 간소화하여 정비구역 지정 및 「도시 및 주거환경정비법」에 따른 재개발사업 시행은 검토할 수 있음을 알려드립니다.

마지막으로 (구)울주군청사 복합개발사업 공사에 따른 지질조사 및 인근 공동주택 구조안전성 조사 진행 상황과 향후 추진계획에 대해 답변을 드리겠습니다. 우리 시는 지난 3월 15일 (구)울주군 청사 인근 동성파크 주민들과의 간담회를 실시하였고, 주민들의 요청에 따라 올해 5월 중 조사 업체를 선정한 후, 빠르면 6월 중에 지질조사 및 구조안전성 조사를 완료할 예정입니다. 그리고 (구)울주군청사 복합개발사업은 작년 12월 현상공모로 업체가 선정된 이후 현재 기본 및 실시설계 중이며, 2022년 상반기쯤 착공하여 2025년 상반기 내에 준공할 예정임을 말씀드립니다.

더 나은 울산 새벽을 연다

옥동 시가지경관지구지정
철회 건의

울산시가 부당하게 특정인의 즐거움과 안락함을 위해 주민의 재산권을 장기간 침해하고 있는 옥동의 '옥동지구 및 옥동3지구'에 지정한 시가지경관지구의 부당함을 지적하고 지정 철회를 건의하고자 이 자리에 섰습니다.

경관지구는 「국토의 계획 및 이용에 관한 법률」제37조에 따라 지정하는 용도지구의 하나이며, 경관지구 안에서는 그 지구의 경관의 보전, 관리 및 형성에 장애가 된다고 인정하여 조례가 정하는 건축물은 건축할 수 없습니다. 특히 토지 이용 효율을 높일 수 있는 공동주택을 건축할 수 없습니다.

이에 따라, 경관지구 안에서 건축물의 건폐율·용적률·높이·최대 넓이·색채 및 대지 안의 조경 등에 관해서는 경관의 보전·관리 및 형성에 필요한 범위 안에서 엄격히 규제하고 있습니다. 이러한 경관지구 중 시가지경관지구는 지역 내 주거지, 중심지 등 시가지 경관을 보호 또는 유지하거나 형성하는 데 필요한 지구를 말합니다.

지정 대상지로는 건축물을 정비하여 도시적인 이미지의 경관을 조성하거나 자연환경과 건축물의 조화가 있어야 하는 도시 내부 지역 및 도시 진입부, 건축물의 경관을 특별히 유지·관리할 필요가 있는 우량 주택지구 등을 지정합니다.

　도시 진입부에 지정하는 경우는 행정구역 경계선으로부터 내부로 약 1~3km 정도까지 노선을 따라 선형으로 지정하고, 그 폭은 가시거리에 따라 달라지나 대략 도로(또는 철도) 경계로부터 500~1,000m에 이르는 개발 가능지에 지정합니다.

　'시가지경관지구' 내에서는 공동주택을 건축할 수 없고, 건축의 높이도 제한받으며, 건축선도 후퇴해야 하고, 건폐율도 규제받습니다. 그리고 필요에 따라 도시계획 심의도 받아야 하며, 경관심의도 별도로 받아야 합니다. 사실상 재산권 행사에 규제를 이중으로 하는 것입니다.

　또 시가지경관지구 내에서는 공동주택, 옥외 철탑 있는 골프연습장, 격리병원, 숙박시설, 공장, 자동차 관련 시설, 고물상, 주유소 등은 건축할 수 없습니다. 2층 이상 건축물의 건축, 20m 이상 도로에 접합할 때 건축선으로부터 2m 후퇴하여 건축해야 합니다. 다만 건축선 5m 후퇴하고 차폐 조경을 하며 도시계획 위원회의 심의를 얻으면 가능하도록 규제하고 있습니다. 토지 활용도가 지극히 불합리하게 규제하고 있는 것입니다.

　울산시는 '시가지경관지구'로 12개소 766,145㎡를 지정해 운영하고 있습니다. 옥동에서 신정동으로 걸쳐 있는 시가지경관 지정 현황을 보겠습니다. 문수로 지구는 법원 아랫길 '법대로부터 공업탑'까지 폭 20m에서 49m까지의 97,317㎡(29,438평)를 지정해 규제하고 있습니다. 이곳은 대부분 준주거지역입니다.

　문제가 되는 '옥동지구'는 울산지방법원 주변 지구의 일반주거지에 62,300㎡(18,846평)를 지정했고, 옥동지구의 바로 맞은쪽 도로 건너편 '옥동3지구'는 옥동 삼익·서광아파트 108,308㎡(32,763평)를 지정했습니다. 지정된 형태를 보면 울산지방법원과 검찰청에서 보면 아래쪽으로 부채꼴 형태로 지정된 것을 알 수 있습니다. 이로 미뤄 짐작건대 '옥동지구와 옥동3지구'는 시가지경관 보호가 아니라 옛 울산법원과 검찰청의 전망권을 보호하기 위해 불합리하게 지정된 것으로 보입니다.

옥동에서 시작되는 문수로 주변에 지정한 '시가지경관지구'는 준주거지 중심으로 지정돼 있는데, 유독 '옥동지구'와 '옥동3지구'만 일반주택지를 포함해 지정돼 있습니다.

이처럼 지정된 위치와 규모, 목적에서 상당한 불합리함을 알 수 있습니다. 이렇게 지정되어 택지를 이용한 다양한 경제활동을 자유롭게 할 수 없는 주민의 재산권 행사에 큰 제약을 주고 있습니다.

지금은 울산법원과 검찰청사가 더 위쪽으로 옮겨 이축되어 있습니다. 주변의 환경변화가 있는 만큼 지방법원 일원 '옥동지구'와 '옥동3지구'의 시가지경관지구 지정 철회를 건의하오니 받아들여 주시기 바랍니다.

울산시 답변

(229회/1차) 답변자 : 울산광역시장 작성일 : 2022-03-30

먼저, 옥동 일원에 지정된 시가지경관지구에 대해 해제를 검토하고 있는 구체적인 지구와 면적은 얼마나 되는지에 대해 답변드리겠습니다. 옥동 일원에 지정된 옥동지구 및 옥동3지구 시가지경관지구는 '92년 및 '93년에 각각 도시미관 관리 및 가로변 경관 제고를 위해 지정된 바 있습니다. 「국토의 계획 및 이용에 관한 법률」에서는 5년마다 관할 구역의 용도지역·지구, 용도구역, 지구단위계획구역 및 지구단위계획, 도시계획시설 등 도시관리계획 전반에 대해 타당성 여부를 재검토하여 정비하도록 규정하고 있고, 이에 따라 우리 시에서는 '23. 10. 준공 목표로 '2030년 도시관리계획 재정비' 용역을 추진 중입니다.

도시관리계획의 결정(변경)은 주민 의견 청취, 관계기관(부서) 협의, 의회 의견 청취, 도시계획위원회 심의 등의 절차를 거쳐 결정되는 점을 감안할 때 현 시점에서 특정 지역·지구에 대한 도시관리계획 결정(변경) 여부 등 구체적인 사항에 대해 말씀드리기 어려우나, 문수로 변에 지정된 문수로 시가지경관지구를 제외한 옥동지구(62,300㎡) 및 옥동3지구(108,308㎡) 시가지경관지구에 대해서는 당초 용도지구 지정 목적과 현재의 여건 변화 등을 자세히 검토 중에 있다는 말씀을 드리겠습니다.

옥동 시가지경관지구 해제를 위해 진행하고 있거나 진행해야 할 구체적인 행정행위 및 해제되는 시점에 대한 질의에 답변드리겠습니다. 특정 지역·지구의 해제 절차 진행 여부에 대해서는 말씀드리

더 나은 울산 새벽을 연다

기보다는 전반적인 도시관리계획 재정비 진행 상황에 대해 간략히 말씀드리겠습니다. 현재 도시관리계획 재정비(안) 입안을 위한 기초조사, 관계기관(부서) 및 구·군 의견 조회 및 민원사항 검토 등의 절차를 진행 중이며, 향후 도시관리계획 재정비(안) 입안 및 주민 열람공고, 중앙부처 협의, 의회 의견 청취, 도시계획위원회 심의 등의 절차를 거쳐 내년 하반기에 도시관리계획 재정비에 관한 지형도면을 고시할 예정임을 말씀드리겠습니다.

◆

문수로 우회도로
개설 언제 합니까

오늘 본 의원은 '문수로 우회도로 개설 진행 상황'을 알고 싶어 몇 가지 질문을 드립니다. 문수로 우회도로(중로1-108호선)는 3개 구간으로 나뉘어 기획된 것으로 알고 있습니다. 공원묘지 교차로~옛 예비군훈련장 0.98㎞, 옛 예비군훈련장~은월로 0.72㎞, 은월로~거마로 0.4㎞이며, 도로의 폭은 모두 20m이고, 사업비는 500억~700억 원 정도 소요됩니다.

지난해 언론 보도에 따르면 '울산시가 문수로를 우회하는 도로 개설을 추진한다. 옥동 옛 울산 예비군훈련장의 활용 방안을 찾고, 상습 정체 도로가 된 문수로의 교통 개선을 위해서다'라고 해 문수로 우회도로 개설을 알 수 있습니다.

그 이후 시의 여러 정황을 보면 문수로 우회도로 개설 의지가 있는지 의심스럽습니다. 문수로 우회도로 개설 타당성 평가 용역비 3억 원을 2021년 예산에서 확보하지 못한 것은 물론이고 최대의 추경이라 평가받는 지난 2회 추경에서조차 편성하지 않았습니다.

이 도로는 학성고등학교 맞은편 신정2동의 푸른마을 재개발, S-Oil 사택 재건축, B-04지구 재개발사업 등 신정2동의 여러 재개발사업이나 재건축에 따른 차량 흐름을 완화할 수 있는 대안이라

더 나은 울산 새벽을 연다

반드시 개설해야 하는 주민 숙원사업입니다.

주민들의 기대를 잔뜩 키워놓고 이제 와 발을 빼는 것인가요? 도로를 개설하려면 수년 간 흘러야 하는데 그 첫 단계라 할 수 있는 타당성 평가 용역조차 미뤄진다면 주민은 수년을 더 기다려야 하는 것으로 받아들이는데 어찌 된 영문입니까?

본 사업비도 아닌 타당성 평가 용역비조차도 어려운 재정 상황인가요? 아니면, 도로가 당장 필요한 게 아니라 먼 훗날 필요해서 예산을 편성하지 않는 것입니까? 관계 부서에서는 시 용역심의위원회에 안건으로 상정했고, 필요성이 인정돼 원안 가결된 것으로 알고 있습니다.

문수로 우회도로 개설을 건의하면서 질문드립니다.

첫째, 문수로는 상습정체 구간입니다. 앞으로 이예로가 개통되고 이어서 농수산물도매시장이 이전한다면 그 정체는 더욱 심각해질 것입니다. 지금도 문수로(왕복 6~8차선)를 지나는 1일 통행량은 2015년 기준 5만8,707대에서 최근 6만5,000대까지 늘었습니다. 승용차 평균 속도는 34.5㎞/h로 울산에서 가장 심한 정체 구간입니다. 문수로 우회도로 개설을 계획대로 추진합니까? 추진한다면 언제쯤 공사가 가시화됩니까?

둘째, 구 예비군훈련장(11만4,201㎡- 3만4,546평) 부지 활용에 기업의 참여를 유도하겠다고 하는데, 울산시가 구상하고 있는 사업계획은 무엇인지요?

셋째, 애초 문수로 우회도로 개설은 옛 예비군훈련장 활용과 문수로 교통 체증해소를 위한 목적으로 기획됐습니다. 2009년 6월 29일 국방부로부터 이 부지를 160억 원(이자 12억9,400만 원 포함)에 매입하면서, 국방부와의 수의계약에 따라 부지 활용은 공공청사로, 기간은 10년 간이란 특약을 첨부했는데 특약은 지난 2019년 6월 28일 자로 풀렸습니다만 울산시는 지금도 신의성실의 원칙을 지키겠다는 걸로 알고 있습니다.

아시겠지만 전국 시도 중 유일하게 울산시만 공무원교육원이 없습니다. 전체 부지(11만4,201㎡ - 3만4,546평) 중 일부 부지에 공무원과 시민들의 각종 의무교육, 시민들의 평생교육을 함께 할 수 있는 공무원교육원 설립이 타당하다고 생각하여 건의합니다. 이에 대해 울산시의 입장은 무엇인가요?

넷째, 문수로 우회도로 개설 이후 남산공원과 완전히 분리되는 남쪽 주거지 주변의 자투리땅, 수십 년째 남산공원 부지로 지정만 한 채 방치하다 일몰제로 다시 경관 훼손을 최소화한다는 명목으로 또다시 특화경관지구로 재지정된 토지에 대해 민원이 끊임없이 제기되고 있습니다. 이 자투리땅을 주거지로 재정비할 계획이 없는지요?

울산시 답변

(222회/2차) 답변자 : 울산광역시장 작성일 : 2021-06-24

먼저, 문수로 우회도로 개설 계획입니다. 의원님께서 말씀하신 대로 문수로는 특히 출·퇴근 시간대에 차량정체가 발생하고 있고, 현재 여러 주택건설 사업이 추진되고 있어 문수로의 교통부담은 많이 늘어날 것으로 보입니다.

더 나은 울산 새벽을 연다

공원묘지 교차로에서 구 예비군훈련장을 거쳐 거마로에 이르는 우회도로는 도시관리계획으로 결정되어 있습니다. 따라서 문수로 우회도로 개설을 위한 타당성 평가 용역비가 편성될 수 있도록 적극적으로 검토하겠습니다.

둘째, 구 예비군훈련장 부지 활용 방안에 대하여 답변드리겠습니다. 구 예비군 훈련장 부지는 지난 2005년 9월 공공청사로 도시관리 계획상 기반시설로 결정되어 우리 시가 2009년 6월에 국방부로부터 매입한 후 현재까지 활용 계획을 검토했습니다. 하지만 해당 부지로 접근할 수 있는 도로 폭이 협소하여 도로 폭의 확장없이는 마땅한 활용 방안을 마련하기가 어려운 상황인데, 문수로 우회도로 개설과 연계한다면 활용 방안을 찾을 수 있을 것 같습니다.

구 예비군훈련장 부지는 우리 시의 발전과 시민의 미래를 위한 용도로 사용하는 것이 바람직한 방향이라 생각되며, 문수로 우회도로 개설 타당성 검토 용역에 포함해서 활용 방안을 마련하겠습니다. 방안이 마련되는 대로 의회에 상세히 보고드리겠습니다.

셋째, 구 예비군훈련장 일부 부지를 공무원교육원으로 활용하는 방안에 대하여 답변드리겠습니다. 잘 아시다시피, 17개 시·도 중 세종시와 우리 시만 공무원교육원이 없어 공무원과 시민을 위한 공무원교육원 설립이 타당하다는 의원님의 말씀에 깊이 공감합니다. 현재 우리 시 공무원 교육은 회의장을 활용하여 자체 교육하거나 관내 대학교에 위탁 교육 중입니다. 하물며, 전체 집합교육 인원의 약 30%를 다른 지역 민·관 교육기관에 위탁해 교육하는 실정입니다. 지역 균형발전과 제4차 산업혁명 시대에 맞게 적기에 적절한 교육이 가능한 자체 공무원교육원을 가질 필요가 있습니다. 다만, 공무원교육원 건립에 상당한 사업비가 소요되는 만큼 문수로 우회도로 개설 타당성 검토용역에 포함하여 부지 활용 방안 검토 시 시민이 함께 사용할 수 있는 공무원교육원 건립을 검토하도록 하겠습니다.

넷째, 문수로 우회도로 개설로 남산공원과 분리되는 남쪽 지역에 특화경관지구로 지정된 토지를 주거지역으로 변경할 계획이 있는지에 대하여 답변드리겠습니다. 남산공원은 지난 1962년에 최초 도시계획시설로 결정되어 관리되어 오다가, 시 재정 여건으로 매입하지 못한 일부 사유지들은 국토계획법 제48조에 따라 2020년 7월에 도시계획시설에서 해제되면서 특화경관지구로 지정되었습니다. 이는 남산 일대의 양호한 자연경관 유지와 태화강국가정원 등과 연계한 경관 보호로 시민에게 쾌적한 자연환경을 제공하고, 난개발이 되지 않도록 하는 방안이었습니다. 개발과 보전의 조화를 위한 이러한 정책 방향에 대해 이해해 주실 것을 당부드립니다.

참고로, 2035년 울산 도시기본계획의 내용을 구체화하고, 불합리한 도시관리계획을 정비하기 위해 '2030 울산 도시관리계획'을 수립 중입니다. 수립과정에서 의원님께서 말씀하신 특화경관지구로 지정된 토지에 대해서도 한 번 더 살펴보도록 하겠습니다.

더 나은 울산 새벽을 연다

◆

UBC 울산방송
옥동이전에 따른 질문

울산의 미래를 여는 9개의 성장 다리로 시민 모두가 행복한 울산을 만들고 계시는 송철호 시장님을 비롯한 관계 공무원의 노고에 깊이 감사드립니다. 옥동 신정4동을 지역구로 두고 있는 환경복지위원회 손종학 의원입니다.

UBC 울산방송 옥동 이전에 대하여 몇 가지 질문드립니다. 지난 1월 21일 '울산시, 옥동 방송통신시설 부지 복합용도 개발 추진'이란 보도가 있었습니다. UBC 울산방송 측이 수년 전 사옥을 짓기 위해 미리 사둔 옥동 소재 '방송통신시설 용지'를 문화·집회·판매시설, 오피스텔 또는 공동주택 등을 포함한 복합개발을 하고자 도시계획 변경안을 시에 제안했습니다.

이에 울산시는 타당성 검토를 위해 공공·민간·외부 전문가로 구성된 협상 조정협의회에서 4차례 논의 끝에 협상안을 마련, 도시계획위원회를 열어 협상안을 심의한 것으로 알려져 있습니다. 도시계획심의위원회에서는 UBC 울산방송의 도시관리계획 변경안에 대해 부지의 복합개발을 허용하되, 기부채납 토지 98억 원, 현금 402억 원 등 총 500억 원 수준의 개발이익을 공공에 환원하기로 결정했습니다. 더불어 기부채납하는 부지에 대해 정지공사 및 장애물(철탑) 이설공사를 함께 시행해 기부하는 조건으로 알고 있습니다.

옥동 마을의 노령화로 초등학교 한두 곳이 학교 학생 수용 정원의 절반도 모집 안 돼 분교로 추락할 수도 있고 활기를 잃어가고 있는데, 아이들의 웃음소리가 들리게 생기를 불어넣을 호기라 다행입니다.

도시계획위원회 심의 결정에 반대하는 것이 아니라 주민들이 결정 과정에 대해 몇 가지 궁금해하는 사항이 있어 질문드립니다.

첫째, 협상을 시작하면서 이런저런 곳에서 흘러나온 협상안 내용 중 당초 UBC 울산방송 측에서 부지 1만 평 중 정비해서 4,000여 평을 기부채납하고 디지털도서관 등을 건설해 기증하는 것으로 알려졌었는데, 왜 현물(98억 원 상당 토지)은 수용하고 디지털도서관 등을 받지 않고 현금 402억 원으로 바뀌었는지요?

사실 옥동이란 동네의 특성상 주민은 많은 시민이 이용할 수 있는 '디지털도서관'에 큰 기대를 하고 있었습니다. 바뀐 사유가 무엇입니까? 디지털도서관을 받지 않기로 했는데 그렇다면 기부받는 부지에 무엇을 할 계획입니까? 또 시가 계획하고 있는 시설을 조성한다면 기부(402억 원)받은 범위 내 사업비만으로 하는 것인지요?

둘째, 그러면 UBC 울산방송 측에선 언제부터 개발을 시작해 언제쯤 개발을 완료할 계획입니까? 부지에 들어설 시설의 대략적인 개요가 무엇인지 말씀해 주시기 바랍니다.

셋째, 그리고 개발되는 부지가 많은 주민이 이용하고 있는 '옥동 저류지 공원' 맞은편 높은 언덕에 있어 앞으로 주민이 저류지 공원에서 UBC 울산방송 쪽으로, 혹은 UBC 울산방송 쪽에서 저류지

더 나은 울산 새벽을 연다

공원 쪽으로 이동 시 횡단보도를 건너야 하는 불편과 위험이 있을 수 있는데, 개발하면서 지하로 이동할 수 있는 '지하통로'를 개설할 필요가 있다고 봅니다. 개설해 주실 수 없는지요?

혹여, 시가 예산 사정으로 할 수 없으면 UBC 울산방송 측에서 주민편의를 위하여 개설해 모든 주민에게 개방할 수 있도록 하는 게 건축허가 부대조건으로 가능한지요? 본 의원의 질문에 대한 울산시의 성실한 답변을 기대하며 질문을 마치도록 하겠습니다.

울산시 답변

(223회/1차) 답변자 : 울산광역시장 작성일 : 2021-07-15

의원님께서 질문하신 'UBC 울산방송 옥동 이전에 따른 질문'에 대해 답변드리겠습니다.

첫째, UBC 울산방송 측에서 부지 기증하기로 한 토지(4,000평)는 수용하고, 디지털도서관 등을 받지 않고 현금으로 기부(402억 원)받은 사유와 시가 계획하고 있는 시설을 조성한다면 기부(402억 원)받은 범위 내에서 사업하는지에 대해 답변드리겠습니다.

우리 시는 UBC 울산방송의 방송통신시설 이전(중구 학산동→남구 옥동) 제안 건에 대하여 사전협상형 도시계획을 추진하기로 하고 지난해 10월부터 올해 1월까지 4차례 사전협상을 추진해 왔으며, 협상 과정에서 다양한 공공기여 방안이 제시되었습니다.

공공기여 방안으로는 약 400평 규모의 디지털미디어도서관도 30년 임대 형식으로 제시된 바 있었습니다만, 최종협상 및 도시계획위원회 자문을 거쳐 최종적으로 토지 등 98억 원, 현금 402억 원 등 총 500억 원 규모의 공공기여 방안이 결정되었습니다.

앞으로도 방송통신시설의 공익적 기능을 고려하여 방송통신시설 내 지역주민 공동이용 시설의 설치 및 문화·교양 프로그램의 확대 등 다양한 열린 공간이 확보될 수 있도록 지속해서 협의해 나가겠습니다

또한 기부채납되는 공공시설 부지는 지구단위계획상 특별계획구역으로 우선 지정하여 행정수요와 지역민의 다양한 요구를 수렴하여 공공시설을 설치할 계획이며, 시설의 종류와 규모에 따라 사업비가 확정될 계획이므로 우리 시에서는 이에 따라 예산 규모 등을 확정하여 사업을 추진할 계획입니다.

둘째, UBC 울산방송 개발 시작과 완료 시점 및 시설에 대한 개략적인 개요에 대해 말씀드리겠습니다. 이달 15일 지구단위계획구역 및 지구단위계획 결정을 위한 도시계획위원회 심의 후, 하반기에는 건축 등 관련 인허가 절차가 진행될 것으로 예상되며, 이 시점에 구체적인 일정이 제시될 것으로 판단됩니다.

건축물 용도는 방송통신시설·근린생활시설 및 미디어 관련 시설·공동주택으로 구성되어 있고, 지하 3층~지상 26층 4개 동으로 계획 중에 있으며, 향후 각종 인허가 및 위원회 심의과정에서 건축계획은 일부 변경될 수 있다는 말씀을 드리겠습니다.

마지막으로, 방송통신시설 부지와 옥동 저류지를 연결하는 지하통로 개설 가능 여부 및 예산상 어려움이 있다면, 사업시행자 측에서 주민편의를 위해 건축허가 시 부대조건으로 개설 가능한지 여부에 대하여 답변드리겠습니다.

더 나은 울산 새벽을 연다

방송통신시설 부지와 옥동 저류지를 연결하는 지하통로의 개설은 사업의 성격, 시공·관리 주체와 사업비, 지형 여건 및 방재시설 유지관리 등 종합적인 사항을 감안할 때 현 시점에서는 공공·민간 모두 지하통로 개설 검토가 어려운 점을 양해하여 주시기 바랍니다.

　바쁘신 중에도 시민 삶의 질 향상을 위해 관심을 가지시고 좋은 의견을 주신 데 대하여 감사드립니다.

◆

옥동 은월마을 지구단위계획구역 변경을 위한 서면 질문

　지난 총선 과정에서 저의 지역구 옥동을 돌면서 수많은 은월마을 주민을 만났습니다. 만나본 마을 주민들이 한결같이 '마을 재개발'을 요구하였습니다.

　옥동 은월마을은 지난 1986년 회야댐 건설 당시 이주민들을 위한 택지조성사업으로 조성된 곳입니다. 이곳에 울주군 웅촌면 통천, 중리, 신리 일대 주민들이 이주해와 살고 있습니다. 현재 은월마을에는 2020년 6월 말 기준 1,505가구 주민 4,260여 명(2014년 말 기준 2,100가구 주민 6,000여 명)이 거주하고 있습니다. 이주 당시, 앞을 내다보는 택지개발사업이 아니라 회야댐 수몰 이주민을 이주시키려는 목적에 서둘러 개발하다 보니 도로에 인도가 없고, 주차장 부족 등 주거환경은 말할 수 없이 열악합니다. 벌써 30여 년이 지나 주택은 상당히 노후화가 진행되었고, 마을을 관통하는 도로 주변 상가들은 쇠락한 모습을 드러내고 있습니다.

　그러다가 지난 2016년 경주 지진(리히터 규모 5.8)은 마을에 큰 상처를 남겼습니다. 곳곳의 건물에 균열이 가고 허물어진 곳도 있어 엄청난 보수비용으로 큰 고통을 당하고 있습니다. 주택지를 활용한 재개발 등 부가가치 창출을 위한 재산권 행사마저 제한당하고 있다고 생각하는 주민의 원성은 날로 높아가고 있습니다.

이러다 보니 수년째 '은월마을 재개발'에 대한 주민의 관심과 요구가 옥동의 집단 민원이 되고 있습니다. 수년 전, 주민이 민원을 제기한 적도 있었습니다. 이에 따라 남구청에서도 두 차례(2016년, 2018년) '은월마을 지구단위계획구역 변경' 건의를 하였습니다. 하지만 울산시는 주민들의 건의를 번번이 들어주지 않았습니다.

그 이유는 '택지개발로 조성된 주택지는 택지개발사업이 완료된 때의 내용을 유지함이 원칙이므로 주민의 제안을 받아들일 수 없다.'였습니다. 현재 주민들이 추진하는 재개발은 과도한 재건축에 해당한다, 현재로서는 공동주택지로의 관리계획 변경은 없다고 했습니다.

지금은 그때와 상황이 달라졌습니다. 지금은 택지조성 준공 이후 30년이 지났습니다. 또 '기부 양여 방식'으로 군부대 이전을 전제로 '옥동 군부대 이전 타당성 조사 용역'이 발주되었고, 그 결과는 오는 9월경 발표되는 것으로 알려져 있습니다. 그 용역 한편에 '은월마을을 포함한 개발 타당성'도 들어있는 것으로 알고 있습니다.

군부대 이전에 은월마을을 편입해 개발한다면, 비용도 크게 줄이고 공공시설 확충은 물론 주민들 자신의 경제적 가치를 창출할 수 있는 새로운 신도시가 탄생할 것이라 저는 보고 있습니다. 주민들의 가장 큰 숙원인 재개발의 전제 조건인 '은월마을 지구단위계획구역 변경'과 관련하여 질문드립니다.

첫째, 30년 지난 은월마을(1종주거지역)을 3종으로 지구단위계획구역을 변경할 수 없는지요?

둘째, 옥동 은월마을을 재개발할 수 없는 법적 근거가 무엇인지요?

셋째, 9월이면 '옥동 군부대 이전 타당성 조사 용역' 결과가 나오 겠지만, 그 보고서에 '군부대 이전 경제성 있다'라고 하면 은월마을 을 포함해 재개발할 수는 없는지요?

넷째, 법률문제로 지구단위계획구역 변경이 어려워진다면 재개 발을 할 수 없을 것인데, 낙후된 은월마을을 이대로 방치할 것인 지? 다른 대안은 없는지요?

울산시 답변

(216회/1차) 답변자 : 울산광역시장 작성일 : 2020-08-20

첫째, '30년 지난 은월마을(1종주거지역)을 3종으로 지구단위계획 구역을 변경할 수 없는지'에 대하여 답변드리겠습니다. 옥동 은월 마을은 옥동택지지구 지구단위계획구역으로 제2종일반주거지역, 제3종일반주거지역, 준주거지역으로 결정되어 있으며, 의원님께서 질문하신 내용은 현재 단독주택지인 제2종일반주거지역을 제3종 일반주거지역으로 변경 가능한가에 관한 사항으로 이해됩니다.

옥동택지지구는 당초 택지개발사업 시행 시 단독주택, 공동주 택, 준주거 용지 등 토지이용계획 및 인구수용 계획 등에 따라 기 반시설을 설치하였으며, 택지개발사업이 완료된 지역에 대하여는 「국토의 계획 및 이용에 관한 법률」에 따라 지구단위계획의 내용 중 용도지역, 용도지구, 건폐율·용적률, 건축물의 높이에 관한 사항 은 사업이 완료된 때의 내용을 유지함을 원칙으로 하고 있습니다.

이는 도시의 건전한 발전을 도모하기 위해 택지개발계획에서 정한 토지이용계획, 수용인구, 주택에 관한 계획 및 공급 승인된 용도에 따라 택지를 사용토록 규정한 취지인 것으로 보입니다.

특히 용도지역을 상향(2종일반주거지역→3종일반주거지역) 조정하는 내용은 고밀도 개발로 인한 각종 기반시설의 용량 부족 및 준공된 택지개발지구의 체계적인 관리와 형평성 문제 등 종합적으로 판단할 때 현실적으로 어려운 사항임을 이해하여 주시기 바랍니다.

둘째, '옥동 은월마을을 재개발할 수 없는 법적 근거가 무엇인지'에 대하여 답변드리겠습니다. 옥동 은월마을은 「택지개발촉진법」 제3조에 따라 지정된 택지개발지구로 「국토의 계획 및 이용에 관한 법률」 제51조의 규정에 의거 지구단위계획구역으로 지정되었습니다.

택지개발사업이 완료된 지역에 대하여는 「국토의 계획 및 이용에 관한 법률 시행령」 제42조의3의 규정과, 국토교통부 「지구단위계획수립지침」2-3-5의 규정에 따라 지구단위계획의 내용 중 용도지역 또는 용도지구의 결정, 건축물의 건폐율·용적률, 건축물의 높이의 최고한도 또는 최저한도에 관한 사항은 사업이 완료된 때의 내용을 유지함을 원칙으로 하고 있습니다. 따라서 옥동택지 지구단위계획의 내용 중 재개발을 위한 토지이용계획을 변경하는 것은 관련 법 등에서 허용하고 있지 않습니다.

셋째, '옥동 군부대 이전 타당성 용역 결과 경제성 있다고 하면 은월마을을 포함해 재개발할 수 있는지'에 대하여 답변드리겠습니다. 앞서 답변드린 바와 같이 은월마을 일원은 「국토의 계획 및 이용에 관한 법률」 등 관련 법령에 따라 사업 준공 당시 지구단위계획을 유지하게 되어 있을 뿐만 아니라, 「국방·군사시설 사업에 관한 법률」에 따라 기부 대 양여 사업으로 추진하고 있어 옥동 군부대 부지 개발 시 은월마을을 포함하여 병행 개발하는 것은 어려울 것으로 판단됩니다. 다만, 옥동 군부대 부지에 대한 개발계획 수립 시 은월마을 등 주변 지역들과 연계한 적정규모의 공공시설과 기반시설을 계획하여 주변 지역주민들의 주거환경이 개선될 수 있도록 노력하겠습니다.

마지막으로, '법률문제로 지구단위계획구역 변경이 어려워진다면 재개발을 할 수 없을 것인데 낙후된 은월마을을 이대로 방치할 것인지, 다른 대안은 없는지'에 대하여 답변드리겠습니다. 옥동 은월마을과 같이 택지개발사업이 완료된 지 오래되어 주거환경이 열악한 지역에 대해서는 체계적인 개발계획 수립이나 기반시설 확충 등을 통한 정주 여건 개선이 필요하다는 사항에 대하여 깊이 공감하고 있습니다.

옥동 군부대 이전사업 시 기반시설 확충 등을 통해 인접 주민들의 주거의 질을 향상할 수 있도록 최선을 다할 것이며, 부족하다면 은월마을 일원에 도시재생사업 등을 검토하여 생활 편의시설이 공급될 수 있도록 적극적으로 노력하겠습니다.

더 나은 울산 새벽을 연다

◆

옥동·신정4동 주민들의
건의사항 전달

오늘 본 의원은 옥동과 신정4동 주민들의 건의를 전달하고 대책을 당부드리고자 이 자리에 섰습니다. '법과 예산 타령'은 그만두시고 적극적인 행정으로 민원을 풀어 주시길 간절히 건의드립니다.

첫째, 신정4동 하수구 악취를 제거해 주십시오. 신정4동의 골목길을 걸어 다니면 곳곳에서 다른 동네에선 맡지 못하는 고약한 시궁창 냄새를 맡을 수 있습니다. 여름철이면 더 심해 코를 막고 다녀야 합니다. 냄새를 막기 위해 동네 하수구 곳곳에 고무판을 덮어 둔 것을 쉽게 볼 수 있습니다. 방역을 사흘이 멀다 하고 해도 모기는 극성을 부립니다.

이러니 주민들이 "세금은 꼬박꼬박 달라는 대로 내는데 왜 차별을 하느냐"고 항의합니다. 이래도 됩니까? 지난 4년간 의정활동을 하면서 기회가 있을 때마다 문제를 제기하며 대책을 세워 달라고 해 왔지만, 여전히 근본적인 문제는 해결되지 않고 있습니다. 대부분 재개발지역에 포함돼 있어 개발이 완료된다면 문제가 해결된다고 판단해서 그런지 시와 남구는 미봉책으로 일관하고 있습니다. 근본적인 대책을 세워 해결해 주시기 바랍니다.

둘째, 옥동 은월마을 지구단위계획 변경을 건의합니다. 옥동 단독주택지인 '은월마을'의 지구단위변경(제2종일반주거지역을 제3종일반주거지역으로)에 대한 문제 제기와 건의는 여러 차례 주민 간담회와 서면 질문 등으로 해왔으나 여전히 제자리입니다. 다만 '도정법'에 의해 주민이 주체가 되어 조합을 구성하여 추진하는 '재개발' 방식은 검토해 보겠다는 정도로만 제시되고 있을 뿐입니다.

이곳에 거주하고 있는 주민 대다수가 회야댐 수몰민들로 주택보다 더 노령화된 노인들입니다. 재개발은 십수 년간의 기간이 소요돼 사실상 이분들이 살아생전 신축 건물에 들어가 살기는 요원한 게 현실입니다.

은월마을은 준공된 지 34년이 지난 데다 지난 2016년 경주지진 때의 피해로 낡은 건물들이 벽체와 지붕의 균열로 노후화는 더욱 촉진되고 있습니다. 주민들은 단독주택이 아니라 택지를 좀 더 효율적으로 활용하기를 원하고 있습니다. 군부대는 곧 청량으로 이전해 가고 개발을 위해서는 용도변경을 할 것인데, 바로 인접한 이곳 은월마을도 연계해 개발할 수 있도록 지구단위계획 변경을 건의합니다.

셋째, 옥동 뉴딜사업 구역의 노후화된 '양지맨션과 동성파크' 재건축 지원을 건의합니다. 옥동 뉴딜사업에 포함된 '양지맨션과 동성파크'는 오래된 낡은 건축물입니다. 주민들은 뉴딜사업에 맞게 반듯한 재건축을 원하고 있습니다. 하지만 관련 부서에서는 말인즉슨 새집 짓고 싶으면 당신들이 돈 내서 건축법에 따라 건축하라는 것이죠. 물론 가진 돈이 많으면 그렇게 할 수 있겠지요. 여기에 사는 분들 모두 서민들입니다. 그만한 여유가 없기에 하루가 멀다고 관련 부서를 찾아 문의하고 민원을 제기하는 겁니다.

기억하시겠지만 지난해 11월 13일 시장님과 뉴딜사업에 포함된 양지맨션과 동성파크 주민 대표들과의 간담회 때 간절한 마음을 전달한 것입니다. 그날 시장님께서도 '노후 건축물의 재건축'에 대한 건의를 들으시고 최선의 방법을 찾아보자고 하셨고요. 그리고 양지맨션에 대해서는 국가기관 청사 건립 시 노동지청을 옮겨서 부지를 분양받도록 하겠다는 말씀도 있었습니다. 주민들에게 일말의 희망을 준 것입니다.

그러나 이후 진전은 없고, 관련 부서에서는 재건축과 관련해 주민들이 만족하지 못하는 안을 제시해 지금껏 해결되지 못하고 시간만 흘러가고 있습니다. 송철호 시장님, 도시계획 변경 등을 통해 부담을 적게 받는 대안을 마련해 주실 것을 다시 건의드립니다.

나는 울산 사람이다. 울산에서 태어나 울산에서 학교에 다니며 성장했고 울산에서 공무원 생활을 했다. 그리고 2018년 7대 울산 광역시 의원에 당선되어 4년간 활동했으며, 울산광역시 의회 부회장으로 맡은 바 역할을 수행하기도 했다. 이 책은 울산광역시 의원으로 임기 중에 한 그런 활동을 담았다.

4년 동안 숱하게 많은 일이 있었다. 나는 이슈가 된 사건에 대해서는 그냥 넘어가지 않고 사사건건 관여했다. 울산시에 시정질문을 하고 답변을 받고 문제를 해결하기 위해 행동에 나서는 등 시민을 위해 활동했다.

나는 생활 정치인이라 자부한다. 시민 생활에 직결되는 문제와 정책, 특히 청년과 기후에 관심이 많은 정치인이다. 4년의 의정 활동 기간 중 나름 소신 있게 최선을 다했지만, 아쉬운 점도 많다.

현재 많은 불합리한 일이 일어나고 있다. 우리나라 정부가 맞는가 하는 의문이 들 정도로 일본에 굴욕외교를 하고 있다. 대표적인 것이 후쿠시마 오염수 방류이다. 일본과 가장 가까운 나라이며 피해가 눈에 보듯 뻔한데도 그것을 막기는커녕 문제가 없다고 오히려 국민을 설득하려고 하고 있다. 또한 노동 탄압, 언론 탄압, 육사의 독립투사 흉상 철거 등을 지켜보며 피를 흘려 이룩한 민주화가 오히려 역행하고 있음에 통탄을 금할 수 없다.

우리나라뿐만 아니라 우리가 살고 있는 울산도 마찬가지다. 지금까지 지급해오던 문화단체의 예산을 삭감했다. 울산은 문화불모지란 불명예를 오랫동안 들어왔다. 그런데 조금씩 나아지던 문화환경이 예산 삭감으로 초토화되었다. 그렇게 삭감한 예산으로 기업인 동상을 짓겠다는 발상을 하다가 시민의 강한 반대에 부닥쳐 무산되었다. 그런 발상을 하다니 통탄할 노릇이다.

우리나라와 울산광역시가 공통으로 안고 있는 가장 시급한 문제는 저출산이다. 이 문제를 해결하지 않으면 우리나라의 미래는 없다. 여야 구분할 것 없이 함께 머리를 맞대고 해결해야 하는 문제이다.

우여곡절이라는 말이 있다. 원 뜻과는 약간 차이가 있지만, 울산은 지금 우여곡 절벽에 서 있다. 조금만 이 방향으로 더 가면 절벽에서 떨어질 것이다. 잘못된 방향을 정상으로 돌려야 한다. 이 책이 조금이나마 바른 길을 잡는 데 도움이 되었으면 좋겠다.

울산은 여전히 어렵다. 진정한 리더가 필요한 시기이다. 과거에서 배우지 못한다면 미래도 없다. 이 책은 나의 지난날을 되돌아보고 배우며, 보다 밝은 미래를 맞이하기 위해 썼다. 개구리도 멀리 뛰기 위해서는 몸을 가다듬는다. 발전된 미래를 위해 이 책은 나를 정리하는 의미가 크다.

독자가 이 책을 읽음으로써, 지난 울산의 수많은 정책은 어떻게 만들어졌으며, 앞으로 어떻게 울산시가 운영되어야 하며, 미래는 어디로 가야 하는지 실마리를 찾게 되기를 바란다.